KB049937

책세상문고 · 고전의 세계

법의 정신

DE L'ESPRIT DES LOIS

책세상문고·고전의 세계

법의 정신

DE L'ESPRIT DES LOIS

샤를 루이 드 스콩다 몽테스키외 지음

·

고봉만 옮김

책세상

일러두기

1. 이 책은 샤를 루이 드 스콩다 몽테스키외Charles-Louis de Secondat Montesquieu의 대표 저작인 《법의 정신 또는 각 정체의 구성, 풍습, 기후, 종교, 상업 등과 맺는 관계에 대하여*De l'esprit des lois, ou du rapport que les lois doivent avoir avec la constitution de chaque gouvernement, les moeurs, le climat, la religion, le commerce, etc.*》(1748) 가운데 제1부(제1편~제3편)와 제2부(제11편 제6장)를 우리말로 옮겼다.
2. 로랑 베르시니Laurent Versini가 편집하고 1995년에 갈리마르에서 출간된 《법의 정신*De l'Esprit des lois*》을 참고했다.
3. 저자의 설명은 ( ), 옮긴이의 설명은 〔 〕로 표시했다.
4. 몽테스키외의 주는 (저자주)라고 표시했다. 나머지는 모두 옮긴이주다.
5. 주요 인명과 책명은 최초 한 회에 한해 원어를 병기했다.
6. 단행본, 잡지, 일간지는 《 》로, 논문, 단편 등은 〈 〉로 표시했다.

법의 정신 | 차례

들어가는 말

19세기 말, 중국의 일부 지식인들은 몰락해가는 중국을 되살리기 위해서 사회 개혁이 필요하다고 생각했다. 그리하여 이들은 유교 경전에 매달리며 형이상학적 논쟁에 관심을 쏟는 대신 서양으로 눈을 돌렸다. 그들은 애덤 스미스, T. H. 헉슬리 등의 저작을 번역, 소개하면서 서양이 부강해진 배경을 유럽 사상가들에게서 찾고자 했다. 당시 이런 움직임을 주도했던 대표적인 인물이 옌푸(嚴復)다.[1] 중국의 앞날을 걱정하던 그는 당시 모든 점에서 모범적으로 보였던 영국의 정치·경제·사회 제도의 근간을 이루는 사상을 연구하는 데 몰두했다.

그러던 중 그는 영국의 자유로움에 주목하고 있는 18세기 프랑스의 사상가 몽테스키외Charles-Louis de Secondat Montesquieu의 유명한 저서 《법의 정신 또는 각 정체의 구성, 풍습, 기후, 종교, 상업 등과 맺는 관계에 대하여*De l'esprit des lois, ou du rapport que les lois doivent avoir avec la constitution de chaque gou-*

vernement, les moeurs, le climat, la religion, le commerce, etc.》를 중국에 소개하게 되었다. 그리고 몽테스키외가 이 책을 통해 영국의 법 체계가 자유liberté를 근거로 삼고 있음을 보여주려 했음을 알게 되었다. 옌푸는 이 책의 중국어판 해설에서 자신의 영국 여행을 회상하면서 "영국이나 다른 유럽 국가들이 부강한 이유는 바로 공평한 정의〔公理〕가 나날이 신장되고 있기 때문이다"[2]라고 말했다.

이처럼 몽테스키외와 옌푸는 사법의 독립과 법의 지배가 월등하게 앞선 국가였던 영국에 똑같이 열광했다. 옌푸는 "몽테스키외는 런던에서 2년 넘게 지내면서 영국의 법률 제도를 관찰하고 영국 국민만이 자유롭다고 일컬을 수 있다고 선언했다"[3]라고 썼다.

몽테스키외는 법에 근거한 자유에 깊은 관심을 두고 있었다. 그리고 영국이 유럽에서 가장 부유하고 강력한 국가가 될 수 있었던 것은 자유로운 정치 환경에서 비롯한 개인의 자유 때문이라고 보았다. 그리하여 그는 영국을 '정치적 자유를 제도의 직접적인 목적으로 삼고 있는 나라'로 묘사했다.

따라서 몽테스키외는 2년간의 영국 체류를 통해 절대 군주정에 의해 점점 파괴되어가는 프랑스인의 자유를 회복하는 수단을 발견하고자 했고, 중국의 선구적인 번역가 옌푸는 영국의 정치·사회 제도에 대한 직·간접적인 경험을 통해 19세기 말 열강의 먹이가 된 중국의 위기를 타개할 방법을 모색한 것이다. 영국에 대한 연구를 통해 몽테스키외는 정치적 자유는 로마인들만이 알며 도시국가에서 실현되었던 우수한 덕성에 의존한다는 선입견에서 벗어나게 되었다. 또한 전제주의에 대해 그가 지니고 있던 뿌리 깊은 혐오의 본질을 깨닫고, 프랑스를 장악한 절대주의의 사악한 영향을 치유할 방법을 찾게 되었다.

몽테스키외의 정치사상은 어떤 정치체제에서 진정한 자유가 추구될 수 있는가 하는 문제의식에서 출발한다. 그는 고대부터 근세에 이르기까지 세계 각국의 법률, 제도, 정치 형태, 기후, 지리, 종교, 토질, 인구 등을 비교하고, 정치체제의 원칙과 본질을 탐구하며, 물질적·환경적 요인이 정치·사회 구조에 미치는 영향을 경험적·실증적 방법에 따라 고찰하고자 했다.

몽테스키외의 의도는 단순히 여러 형태의 정체(政體, gouvernement),[4] 예컨대 전제 정체나 입헌군주 정체 혹은 공화 정체를 경험적으로 기술하고 나열하는 것이 아니다. 여러 정체를 구성하는 힘을 찾아내고 이 힘을 올바르게 사용하기 위해서, 다시 말해 이 힘을 사용해 가능한 한 최대의 자유를 실현하는 정체를 만들기 위해서는, 이 힘을 인식하고 견제할 필요가 있음을 보여주는 것이다.

그러기 위해서 그는 정치권력을 입법·행정·사법으로 분립해야 하며, 이 권력들이 서로 균형을 이룰 때 최대의 자유가 가능하다고 말한다. '권력 분립séparation des pouvoirs'이라는 몽테스키외의 이론은 이러한 그의 기본 사상을 구체적으로 전개한 것이다. 그는 이러한 권력 분립에 대해 《법의 정신》 제11편 제6장("영국의 제도")에서 상세히 다루고 있다. 이는 오늘날 세계 각국에서 채택하고 있는 헌법체제의 기본 원리가 되고 있다.

몽테스키외는 "권력을 가진 모든 자는 그 권력을 남용하려 한다. 그는 그 권력의 한계에 이르기까지 이를 행사하려 한다"[5]고 생각했다. 따라서 이러한 권력 남용을 방지하기 위해서는 권력이 권력을 차단하는 장치가 필요하다.

몽테스키외는 '권력 분립론'을 다음과 같이 구체화시키고 있다. "동일한 사람 또는 동일한 관리 집단의 수중에 입법권과 집행권이 한데 모일 때 자유는 존재하지 않는다. 왜냐하면 같은 군주 또는 같은 원로원이 법을 독재적으로 집행하기 위해 독재적인 법을 만들 염려가 있기 때문이다. 재판권이 입법권과 집행권으로 분리되어 있지 않은 경우에도 역시 자유는 존재하지 않는다. 재판권이 입법권과 결합하게 되면 시민의 생명과 자유에 대한 권력은 자의적인 것이 될 것이다. 왜냐하면 재판관이 입법자가 되기 때문이다. (또한) 재판권이 집행권과 결합하게 되면 재판관은 압제자의 힘을 갖게 될 것이다. 동일한 사람이나 동일한 제후 혹은 귀족이나 인민 집단이 이 세 가지 권력, 즉 법을 제정하는 권력, 공적인 결의를 집행하는 권력, 그리고 범죄나 개인 간의 분쟁을 판단하는 권력 등을 모두 행사한다면 모든 것을 잃게 될 것이다."(제11편 제6장)

이처럼 몽테스키외는 어떤 형태의 권력 집중도 거부하며, 만일 권력이 집중될 경우 (시민의 정치적) 자유란 있을 수 없다고 보았다.

권력 분립에 관한 다양한 논의를 통해 추출할 수 있는 법의 보편적 정신은 '자유의 보호와 신장'이다. 그리고 그는 성공과 실패를 담고 있는 수많은 역사적 사례에 기초해 자유의 실현과 확보에 도움이 되는 제도를 고안했다. 그가 주장한 권력의 분립이 영국의 정치·사회 제도에 대한 다소 단순한 관찰에서 비롯된 것이라 하더라도 그의 이론이 권력 분립에 관한 새로운 지평을 연 것임에는 틀림없다. 따라서 후대에 미친 그의 영향력에는 의문의 여지가 없으며 이 점은 미국과 프랑스 헌법의 권리 조항에서 찾아볼 수 있다.

이번에 소개되는 세 가지 정체의 본질과 원리, 권력 분립에 관한 논의는《법의 정신》가운데 극히 일부에 지나지 않는다. 하지만 이 부분은《법의 정신》중에서 몽테스키외의 정치·사회사상 체계를 가장 압축적으로 보여주고 있다. 특히 권력 분립론은 몽테스키외의 이론 가운데서 많은 사람들이 '몽테스키외'라고 하면 떠올릴 만큼 가장 잘 알려져 있으며, 오늘날에도 적지 않은 의미를 지니고 있다. 우리는 이 부분을 250여 년이 지난 현재의 시점에서 냉철하게 다시 읽을 필요가 있다. 여기에는 21세기 한국 사회가 배워야 할 두 가지 교훈, 즉 '시민적 덕성'의 필요와 민주정의 부패에 관한 경고가 담겨 있기 때문이다.

몽테스키외가 약 20년에 걸쳐 완성한 대작《법의 정신》을 읽어본 사람은 사실 그다지 많지 않다. 그런데 지금 이 책을 다시 꺼내놓는 것은, 몽테스키외라는 이름이 지니는 유명세가 그의 저서를 존속시키기는커녕 오히려 그의 저서를 주목하지 않는 데 대한 그럴듯한 변명거리로 사용되곤 하는 현실에 대한 비판이며, 나아가 법과 권력과 자유의 문제에 대한 진지한 고민의 시작이라고 할 수 있다.

옮긴이 고봉만

법의 정신

…어미 없이 태어난 아이Prolem sine matre creatam[6]

- 오비디우스

머리말

이 책에 씌인 무수한 사항 가운데 내 의도와는 상관없이 독자의 감정을 상하게 하는 부분이 있더라도 그것은 적어도 나쁜 뜻으로 그렇게 한 것은 아니다. 나는 천성적으로 남을 헐뜯는 성질이 못 된다. 플라톤은 소크라테스 시대에 태어난 것을 하늘에 감사했다. 나 또한 지금 살고 있는 정체 아래 태어나고 내가 사랑하게끔 되어 있는 사람들에게 복종하고자 한다는 것에 대해 하늘에 감사의 뜻을 전한다.

우선 독자에게 이해를 구하고 싶다. 하지만 그것이 받아들여지지 않을까 두렵다. 그것은 20년에 걸쳐 힘들여 완성한 작업을 한순간의 독서로 판단하지 말아달라는 것이다. 두서너 문장이 아니라 책 전체를 두고 칭찬하거나 비난하기를 바란다. 만약 독자가 이 책을 지은 사람의 의도를 찾아내고자 한다면 그것은 이 책의 구상 안에서만 확실하게 발견할 수 있기 때문이다.

먼저 나는 인간을 관찰했다. 그리고 인간이 만든 법과 풍습의 무한한 다양성 안에서 인간이 단순히 자신이 하고 싶은 대로만 행동하는 것이 아님을 확신하게 되었다.

나는 여러 기본 원리를 새로 마련하여 제시했다. 그리고 개개의 사례가 스스로 이 원리들을 따르는 듯하다는 사실을 알게 되었다. 또한 모든 민족의 역사도 이 원리의 결과에 불과하며, 모든 개별적 법률은 다른 법률에 연결되어 있거나 보다 일반적인 법률에 의존하고 있다는 사실을 알게 되었다.

고대로 되돌아갔을 때는, 고대의 정신을 파악하려고 애썼다. 실제로는 서로 다르지만 비슷해 보이는 사례의 차이를 놓치거나, 비슷한 것으로 간주하지 않도록 했다.

나는 나의 원리를 결코 선입견에서 끄집어내지 않았다. 나는 그것을 사물의 본질에서 끄집어냈다.

따라서 진리는 대부분 그것과 서로 연결되어 있는 다른 진리와의 연계를 이해한 후에 알게 될 것이다. 세부적인 것에 대해 깊이 생각하면 할수록 원리의 확실성이 느껴질 것이다. 세부적인 것까지는 말하지 않았다. 왜냐하면 한심할 정도로 따분하지 않고서야 누구라도 그 모두를 이야기할 수는 없을 것이기 때문이다.

이 책에서는 오늘날 여러 저작물의 특징처럼 보이는 재치 넘치는 표현을 찾아보지 못할 것이다. 사물을 어느 정도 넓은 시야로 보기만 한다면 재치 같은 것은 사라지고 만다. 그것은 보통 정신이 한쪽 면에만 힘을 쏟고 다른 모든 면을 고려하지 않기 때문에 생겨나는 것이다.

어떤 나라에 수립되어 있는 정체를 비판하기 위해 이 책을 쓴 것은 결코 아니다. 각각의 국민은 이 책에서 자기 나라의 규범의 근거를 발견할 것이다. 그리고 그 변경을 제안할 수 있는 권리는 천재적인 재능으로 국가의 조직 형태 전체를 통찰할 능력을 가지고 태어난 사람들에게만 주어진다는 결론을 당연히 끄집어내게 될 것이다.

인민peuple이 사물을 올바르게 판단할 수 있는 능력을 갖추었는가, 갖추지 못했는가는 사소한 일이 아니다. 위정자가 갖는 편견은 인민이 갖는 편견에서 비롯된다. 무지의 시대에 사람들은 가장 악독한 행위에도 아무런 의구심을 갖지 않는다. 깨달음의 시대에는 가장 선량한 행위를 하면서도 불안에 떤다. 사람들은 예부터 내려오는 폐습을 감지하며 그것을 교정하고자 한다. 그러나 사람들은 교정 자체의 폐해에 대해서도 고심한다. 최악을 두려워하여 악을 방치하고 최선을 의심하여 선을 방치한다. 오직 전체를 파악하기 위해서만 부분을 고찰하고, 결과 전체를 살펴보기 위해서만 원인 전체를 검토한다.

만약 내가 모든 사람이 자신의 의무, 자신의 군주, 자신의 조국, 자신의 법률을 사랑하는 새로운 이유를 발견하고, 또한 자신이 속한 나라나 정부, 각자 맡고 있는 직위 속에서 행복을 보다 잘 느끼게 할 수 있다면, 나는 스스로를 (삶을 누리는) 사람들 가운데서 가장 행복한 사람이라고 생각할 것이다.

만약 내가 통치하는 사람들이 명령해야 할 사항에 대해 지식을 늘리고, 또 복종하는 사람들이 복종하는 일에서 새로운 기쁨을 발견하도록 할 수 있다면, 나는 스스로를 (삶을 누리는) 사람들 가운데서 가장 행복한 사람이라고 생각할 것이다.

만약 내가 사람들이 자신의 편견에서 벗어날 수 있도록 할 수 있다면, 나는 스스로를 (삶을 누리는) 사람들 가운데서 가장 행복한 사람이라고 생각할 것이다. 여기서 편견이라고 하는 것은 사람들로 하여금 어떤 사항에 대해 무지하게 만드는 것이 아니라, 사람들로 하여금 스스로에 대해 무지하게 만드는 것을 말한다.

만인에 대한 사랑을 포함하고 있는 저 보편적 덕성vertu général의 실천은 인간을 교육하려는 노력에 의해 가능하다. 사회 속에서 타인의 사고나 느낌에 순응하는, '유연한flexible' 존재인 인간은 자신의 본성nature이 무엇인지를 타인이 그에게 보여주면 인식할 수 있지만, 만일 그에게 숨기면 의식할 수조차 없다.

나는 이 책을 쓰다가 여러 차례 포기하기도 했다. 초고를 몇천 번이나 바람에 날려 보냈다.[7] 날마다 아버지의 손이 떨어지는 것을 느꼈다.[8] 전체 내용이나 규모 등에 대해서 생각지도 않고 대상을 추구했다. 규칙도 알지 못했고 예외도 알지 못했다. 진리를 발견해도 곧 그것을 잃어버리고 말았다. 그러나 나의 원리를 발견하게 되자 그동안 내가 찾아 헤맨 모든 것이 나에게 다가왔다. 그리하여 나는 20년에 걸쳐서 나의 저술이 시작되고 성장하며 진전되고 완성되는 것을 보았다.

만약 이 저작이 성공을 거둔다면 그것은 주제의 장대함 때문일 것이다. 그러나 내 재능이 전적으로 부족하다고는 생각지 않는다. 나 이전에 프랑스, 영국, 독일에서 수많은 위대한 인물이 같은 주제에 대해 쓴 글을 읽었을 때 나는 감탄했다. 그러나 나는 결코 용기를 잃지 않았다. 코레조Correggio가 한 것처럼 나도 이렇게 말했다. "나도 화가(畫家)다"[9]라고.

저자의 일러두기[10]

이 책의 처음 네 편을 이해하기 위해서는 다음과 같은 사항에 주의할 필요가 있다.

첫째로 공화국에 있어서 '덕성vertu'이라고 부르는 것은 조국애, 즉 평등에 대한 사랑이라는 점에 주의해야 한다. 그것은 결코 도덕적 덕성이나 기독교적 덕성이 아니고 오로지 '정치적' 덕성을 의미한다. 그리고 명예honneur가 군주 정체를 움직이는 동력이듯 덕성은 공화 정체를 움직이는 동력이다. 따라서 나는 조국과 평등에 대한 사랑을 '정치적 덕성 vertu politique'이라고 부른다. 나는 새로운 관념을 얻었다. 그래서 새로운 말을 찾아내든가, 아니면 낡은 말에 새로운 뜻을 부여하지 않을 수 없었다. 이 점을 이해하지 못하는 사람들은 내가 불합리한 것, 그것도 세계 어느 나라에서도 언어도단으로 여겼을 것을 주장한다고 단정했다. 세계 어느 나라에서도 참기 어려운 것은 세계 어느 나라에서도 도덕이 요청되기 때문이다.

둘째로 어떤 자질이나 영혼의 양상 혹은 덕성이 어떤 정체를 움직이는 동력ressort이 아니라는 점과 그것이 그 정체에는 전혀 존재하지 않는다는 점 사이에는 아주 큰 차이가 있다는 것에 주의하지 않으면 안 된다. 내가 어떤 큰 톱니바퀴나 작은 톱니바퀴가 시계를 움직이는 태엽이 아니라고 말했다고

치자. 그렇게 말했다고 해서 사람들이 그 큰 톱니바퀴나 작은 톱니바퀴가 시계 속에 없다는 결론을 내리겠는가? 즉, 도덕적 덕성과 기독교적 덕성이 군주 정체에서 배제되어 있다고 말하려는 것이 결코 아니다. 정치적 덕성이 배제되어 있다는 말도 아니다. 한마디로 말한다면 명예는 공화제에 존재하지만 공화제의 동력은 어디까지나 정치적 덕성이며, 정치적 덕성은 군주제에 존재하지만 군주제의 동력은 어디까지나 명예다.

끝으로 제3편 제5장[11]에서 문제가 되고 있는 '덕이 있는 사람homme de bien'이란, 기독교적 의미에서의 덕이 아니라 정치적 덕을 가진 사람을 말한다. 그는 자기 나라의 법을 사랑하고 그 사랑에 의해 행동하는 인간이다. 나는 이러한 사항들에 관한 개념을 이번에는 좀 더 명확하게 하고 새로운 설명을 덧붙였다. 그리고 '덕성'이라는 말을 사용했던 대목을 대부분 '정치적 덕성'으로 바꿨다.

제1부

제1편
법 일반

제1장 여러 존재와의 관계에서의 법

가장 넓은 의미에서 법은 사물의 본질에서 유래하는 필연적인 관계를 말한다. 이런 의미에서 모든 존재는 자체의 법을 가진다. 신la divinité[12]은 신의 법을 가지고, 물질계는 물질계의 법을 가지며, (천사처럼) 인간보다 뛰어난 지적 존재는 그들의 법을 가지고, 짐승은 짐승의 법을 가지며, 인간은 인간의 법을 가진다.[13]

'맹목적인 운명이 이 세상에서 우리가 보는 모든 결과를 낳았다'는 주장은 결코 옳지 않다. 생각하는 존재인 인간이 맹목적인 운명의 소산이라는 것보다 이치에 어긋나는 말은 없기 때문이다.

따라서 원초적 이성raison primitive[14]이 있는 것이며 법이란 그것과 여러 가지 존재 사이의 관계이며 이 여러 가지 존재들 상호 간의 관계다.

신Dieu은 우주에 대하여 창조자이자 유지자로서의 관계를 갖는다. 그러므로 신은 우주를 창조한 법에 따라 우주를 유지한다.[15] 신이 이 규칙에 따라 행동하는 이유는 신이 그것을 알고 있기 때문이고, 신이 그것을 알고 있는 이유는 그것을 만들었기 때문이며, 그것을 만든 이유는 그 규칙들이 신의 예지와 힘에 관계되기 때문이다.

우리가 보는 바와 같이 세계는 물질의 운동에 의해 형성되어 지성을 갖지 않음에도 불구하고 항상 존재한다. 따라서 그런 운동은 불변의 법칙을 가지고 있음에 틀림없다. 그리고 이 세계 이외의 다른 세계를 상상할 수 있다 하더라도 그 세계 역시 항구적인 규칙을 가지고 있을 것이다. 그렇지 않으면 그 세계는 파괴되고 말 것이기 때문이다.

이와 같이 자의적인 행위처럼 보이는 창조 역시 무신론자가 주장하는 숙명과 같은 불변의 규칙을 전제로 하고 있다. 창조자가 이런 규칙 없이 세계를 통치할 수 있다는 것은 이치에 어긋난다. 세계란 이런 규칙 없이 존재할 수 없기 때문이다.[16]

이 규칙이란 다름 아닌 항구적으로 확립된 관계다. 어떤 운동체와 다른 운동체 사이의 모든 운동이 질량과 속도의 관계에 따라 받아들여지고 증대되며 감소되고 소멸된다. 개개의 다양성은 '균일성'이며 개개의 변화는 '항구성'이다.

개별적 지적 존재(인간)는 스스로 만들어낸 법을 가지고 있는 동시에 그들이 만들지 않은 법도 가지고 있다. 지적 존재들이 존재하기 전에도 개별적 지적 존재들은 존재 가능했으므로 그 존재들은 자기들 간에 가능한 관계, 즉 자기들의 법을 가질 수 있었다. 만들어진 법이 있기 전에 정의(正義)가 가능한 관계가 존재했기 때문이다. 실정법(實定法, les lois positives)[17]이 명령하거나 금하기 전에는 정의도 불의도 없었다고 하는 것은, 마치 어떤 사람이 구체적으로 원을 그려보고 검증해볼 때까지는 그 원의 반지름은 모두 동일하지 않다고 이야기하는 것과 같다.

따라서 실정법이 확정하는 형평équité의 관계가 실정법에 앞서 존재한다는 것을 인정해야 한다. 그 형평의 관계란 예를 들면 다음과 같다. 즉 인간 사회가 있다면 그 사회의 법을 따르는 것이 옳다. 어떤 인간이 다른 인간에게서 은혜를 받았을 때 그는 그것에 감사해야 할 것이다. 만약 어떤 인간이 다른 인간을 창조했다면 창조된 존재는 그가 처음부터 맺고 있는 의존 관계에 머물러 있어야 할 것이다. 다른 인간에게 해를 끼친 인간은 같은 해를 받는 것이 마땅할 것이다. 그 밖의 것도 마찬가지다.

그렇지만 정신세계가 물질세계처럼 잘 지배된다고는 말할 수 없다. 왜냐하면 정신세계도 법을 가지며 그 법의 본질은 불변한다고는 하지만 정신세계는 물질세계가 따르듯이 항구적으로 그 법을 따르지는 않는다. 그 이유는 다음과 같다. 즉 개개의 인간은 본성이 유한하기에, 오류가 있을 수 있다. 그러나 다른 한편으로 인간이 스스로 행동하는 것은 본성에 속한다. 그렇기에 그들은 반드시 항구적으로 그들의 원초적 법을 따르지는 않는다. 그뿐 아니라 인간은 자기 스스로 만든 법조차 늘 따르지는 않는다.

짐승이 일반적인 운동 법칙에 지배받는지 아니면 어떤 특별한 움직임에 지배받는지는 알 수 없다. 아무튼 그것은 물질계의 나머지 부분보다 신과 친밀한 관계를 가지고 있지는 않다. 그리고 감정은 그들이 그들끼리라든가 다른 개별적 존재와의 사이라든가 혹은 그것 자체에 대해 갖는 관계에서만 소용된다.

짐승들은 쾌감의 매력에 의해 자기의 존재를 유지하고, 또한 같은 매력에 의해 종(種)을 유지한다. 그들은 자연법을 가지고 있다. 감정에 의해 서로가 결합되어 있기 때문이다. 그들은 실정법을 가지고 있지 않다. 지식에 의해 결합되어 있지 않기 때문이다. 그러나 그들이 변함없이 자연법을 따르는 것은 아니다. 지식도 감정도 없다고 할 수 있는 식물이 보다 더 자연법을 따른다.

짐승은 우리 인간이 가지고 있는 지고의 조건을 가지고 있지 않다. 그러나 우리가 가지고 있지 않은 이점을 가지고 있다. 그들은 우리처럼 희망을 갖지는 않지만 공포 또한 갖지 않는다. 그들은 우리와 마찬가지로 죽음을 면할 수는 없지만 그 죽음(에 대한 공포)을 모른다. 그들은 대부분 인간보다 스스로를 더 잘 보존하고 인간처럼 정념을 남용하는 일이 없다.

물리적(자연적) 존재로서 인간은 다른 물체와 마찬가지로 불변의 법칙에 지배된다. 반면에 지적 존재로서 인간은 신이 설정한 이 법칙을 끊임없이 위반하며 또 스스로 정한 법칙도 수정한다. 인간은 스스로 길을 정해야만 한다. 그러나 인간은 유한한 존재이기 때문에 모든 유한한 정신적 존재처럼 무지나 오류를 범하기 쉽다. 그래서 인간은 획득한 빈약한 지식마저 다시 잃어버리곤 한다. 감성을 지닌 피조물로서 인간은 항상 무수한 정념에 노출되어 있다. 인간은 바로 이러한 존재이기 때문에 늘 창조자를 망각하기 일쑤다. 그래서 신은 종교의 법을 통해서 창조자에 대한 그의 위치를 상기시켰다. 이러한 존재이기 때문에 인간은 늘 자기 자신을 망각하기 쉽다. 그래서 철학자들은 도덕의 법을 통해서 그것을 경고했다. 인간은 사회 안에서 살아가도록 만들어졌음에도 불구하고 사회적 삶에서 타인의 존재를 망각하기 쉽다. 그래서 입법자들은 인간이 자신의 의무를 준수하도록 정치법(공법) 및 시민법(사법)을 만들었다.

제2장 자연법

이런 모든 법[18] 이전에 자연의 법이 있다. 자연의 법이라고 불리는 것은 그것이 우리 인간 존재의 구조에서만 유래하기 때문이다. 이 자연의 법을 잘 이해하려면 사회가 성립되기 이전의 인간을 고찰해야 한다. 자연의 법은 이와 같은 상태에서 인간이 수용하는 법일 것이다.

우리 마음속에 창조자의 관념을 새겨주고, 우리를 신에게로 인도하는 그 법은 '자연법lois naturelles'의 순서에 따라서가 아니라 그 중요성에 의해 자연법 중 첫 번째 법이 된다. 인간은 자연 상태에서 지식을 갖는다기보다 오히려 인식 능력을 갖는다고 할 수 있다. 최초의 관념이 사변적인 관념이 아닌 것은 분명하다. 인간은 자기 존재의 기원을 탐구하기 전에 자기 존재의 보존을 생각할 것이다. 이런 인간은 먼저 자신의 나약함밖에 느끼지 않으므로 매우 소심할 것이다. 이 점에 관하여 경험적 증명이 필요하다면 숲속에서 발견된 미개인[19]을 들 수 있다. 그들은 모든 것 앞에서 두려워하고 도망친다.

이런 상태에서 인간은 스스로 열등하다고 느끼지 서로 평등하다고 느끼는 일은 거의 없으므로 서로 공격하기를 원하지 않는다. 따라서 평화야말로 첫 번째 자연법일 것이다.[20]

홉스Thomas Hobbes가 인간은 서로를 정복하려는 욕망을 갖고 있다고 주장한 것은 합리적이지 않다. 지배와 통치의 관념은 매우 복잡하고 또 다른 많은 관념에 의존하고 있으므로 그것은 인간이 본래부터 갖는 관념은 아닐 것이다.[21]

홉스는 "만약 인간이 본래 전쟁 상태에 있는 것이 아니라면, 어찌하여 인간은 항상 무장하고 또 무엇 때문에 집의 문을 잠그는 열쇠를 가지고 있는가"라고 묻는다.[22] 그러나 그가 그렇게 묻는 것은 사회가 성립된 다음에야 나타나는 것, 그때서야 비로소 서로 공격하고 방어할 동인을 발견하게 되는 것을 사회가 성립되기 이전의 사람에게 부여하고 있다는 사실을 깨닫지 못한 때문이다.

인간은 자신이 열등하고 약하다는 감정에 이어서 육체적 필요의 감정을 갖게 된다. 따라서 두 번째 자연법은 인간으로 하여금 먹을 것을 찾는 마음을 일으키게 한다.

앞에서 나는 인간은 천성적으로 겁이 많아서 서로 피하는 경향이 있다고 말했다. 그러나 이렇게 서로 두려워하고 있다는 사실을 일단 알게 되면 인간들은 서로 접근하는 경향을 갖게 된다. 게다가 인간 역시 동물이 같은 종류의 다른 동물에게 접근할 때 느끼는 쾌감처럼 상호 접근에서 쾌감을 느끼게 될 것이다. 더욱이 양성(兩性)이 성적 차이에 의해 주고받는 매력이 이 상호 접근의 쾌감을 증가시킬 것이다. 따라서 양성이 항상 서로를 부르는 이 자연적인 갈망이 세 번째 자연법이 될 것이다.

인간은 우선적으로 갖는 이러한 감정에 더해서 사물에 대한 지식을 갖게 된다. 그리고 다른 동물과 달리 제2의 관계를 갖는다. 따라서 인간은 서로를 결합하게 될 새로운 동기를 갖게 되며, 사회적 삶을 살려는 욕구가 네 번째 자연법을 이룬다.

제3장 실정법

인간은 사회적 삶을 살게 되면서 곧 그들이 열등하고 나약하다는 사실을 망각한다. 그들 사이에 존재했던 평등은 사라지고 전쟁 상태가 시작된다.

각 사회는 자신의 힘을 자각하게 되고 이것이 민족과 민족 사이에 전쟁 상태를 초래한다. 각 사회 내의 개개인들도 자신의 힘을 자각하기 시작하고 그 사회의 주된 이익을 자신에게 유리한 방향으로 돌리고자 한다. 이것이 또한 그들 사이에 전쟁 상태를 빚어내게 된다.

이 두 종류의 전쟁 상태가 인간 사이에 여러 가지 법을 제정하게 한다. 서로 다른 민족의 존재가 필연적인 만큼 광대한 행성의 주민으로서 인간은 민족이 서로 간에 가지는 관계에 있어서의 법을 가진다. 이것이 곧 만민법(萬民法, droit des gens)[23]이다. 유지되어야 할 사회의 일원으로서 인간은 통치하는 자와 통치받는 자 사이에 갖는 관계로서의 법을 가진다. 이것이 정치법droit politique(공법)[24]이다. 그들은 또 모든 시민이 그들 상호 간에 갖는 관계에 있어서의 법을 가진다. 이것이 시민법droit civil(사법)이다.[25]

만민법은 마땅히 다음의 원칙 위에 성립한다. 여러 민족은 각자의 참된 이익을 손상하는 일이 없이 평화 시에는 서로 최대한의 선을, 전쟁 시에는 서로 최소한의 악을 행해야 한다.

전쟁의 목적은 승리이고, 승리의 목적은 정복이며, 정복의 목적은 (인간) 존재의 보존이다. 이 원리와 이보다 앞서는 원리에서 만민법을 형성하는 모든 법이 파생되어야 한다.

지구상의 모든 민족이 만민법이라는 것을 가지고 있다. 포로를 잡아먹는다는 이로쿼이족[26]도 만민법을 가지고 있다. 그들은 외교 사절을 보내거나 받아들이며 교전권(交戰權)과 강화권(講和權)을 알고 있다. 문제는 그들의 만민법이 올바른 원리 위에 세워져 있지 않다는 사실이다.

지구상의 온갖 사회에 관련되는 만민법 외에 각 사회에는 그 나름대로 정치법〔통치법〕이 있다. 사회는 정부gouvernement 없이는 존속할 수 없기 때문이다. 그라비나Gian Vincenzo Gravina[27]가 올바르게 지적했듯이 "모든 개별적 힘의 결합이 정치 상태état politique〔정치 공동체〕를 구성하는 것이다".

일반적으로 권력force générale[28]은 단 한 사람의 손 안에 있을 수도 있고, 여러 사람의 손안에 있을 수도 있다. 어떤 사람들은 자연이 부권(父權)을 만들었으므로 일인통치(一人統治)의 정체가 가장 자연에 적합하다고 생각했다. 그러나 부권의 예는 아무것도 설명해주지 못한다.[29] 설사 아버지의 권력이 일인통치의 정체와 관련 있다 하더라도 아버지의 사후에는 형제들의, 형제들의 사후에는 사촌들의 권력이 다수통치(多數統治)의 정체와 관계있을 것이기 때문이다. 정치적 권력은 필연적으로 여러 가문의 연합을 내포한다.

그러므로 자연[30]에 가장 부합하는 정부는 그것이 설립되는 목적이자 이유인 그 인민의 체질에 가장 잘 맞는 특별한 구조를 갖춘 정부여야 할 것이다.

모든 의지가 결합하지 않으면 개별적 힘은 결합할 수 없다. 이에 대해 그라비나는 "이 의지들의 결합이 시민 상태état civil라 불리는 것"이라며 다시 한번 올바르게 지적했다.

일반적으로 법은 인간 이성raison humaine이다. 지구상의 모든 인민을 지배하는 그 이성이라는 의미에서 말이다. 각 나라의 정치법과 시민법은 이 인간 이성이 적용되는 특수한 경우들에 지나지 않는다.

정치법과 시민법은 그것이 적용되는 인민에게 적합한 것이어야 하기 때문에 극히 드문 경우가 아니라면 어느 한 민족의 법이 다른 민족에게 적합할 수 있는 경우는 없다고 보아야 한다.

정치법과 시민법은 이미 수립되었거나 수립하고자 하는

정체의 성질과 원리와 어울려야 한다. 곧 정치법은 정체를 구성하는 역할로서 시민법은 (기존의) 정체를 유지하는 역할로서 그 정체의 본성과 원리에 상응하지 않으면 안 된다.

정치법과 시민법은 한 나라의 물리적 조건, 즉 춥거나 덥거나 온화한 기후, 토지의 성질·상태·규모뿐 아니라 농부, 사냥꾼, 목축인과 같은 사람들의 생활양식 등과도 관련되어야 한다. 또한 제도가 허용할 수 있는 자유의 정도, 주민의 종교·성향·재산·수효·상업·풍속·습관 등과도 어울려야 한다. 끝으로 정치법과 시민법은 그것들 상호 간에 밀접한 관계를 맺고 있다. 즉 이 법들은 그것들 자체의 기원, 입법자의 의도, 법률 제정의 토대가 된 사물의 질서 등과도 결부되어 있다. 그러므로 정치법과 시민법은 이 모든 관점에서 고찰되지 않으면 안 된다.

이 책에서 시도하려는 것은 이 모든 관계를 검토하는 것이다. 왜냐하면 이 모든 관계들이 모여 다름 아닌 법의 정신esprit des lois이라고 부르는 것을 형성하고 있기 때문이다.

나는 정치법과 시민법을 분리하지 않았다. 나는 법이 아니라 법의 정신을 다루고 있고, 또 이 정신이란 법이 다른 사물과 가질 수 있는 온갖 관계에 있으므로, 법의 자연적 질서보다는 오히려 사물이나 관계의 질서를 따라야만 했기 때문이다.

먼저 각 정체의 본질 및 원리와 더불어 법과 정체의 관계를 검토할 것이다. 정체의 원리는 법에 절대적 영향을 끼치므로 그것을 충분히 알아보려고 애쓸 것이다. 만일 그것을 확립할 수 있다면 마치 샘에서 물이 솟듯이 법이 흘러나오는 것을 보게 될 것이다. 그런 후에 보다 특수하다고 여겨지는 다른 관계로 옮겨갈 것이다.

제2편
정체의 본질에서 직접 유래하는 법

제1장 세 가지 정체의 본질[31]

정체에는 세 가지가 있다. 그것은 공화 정체, 군주 정체, 전제 정체다. 이들의 본질을 발견하려면 교육 수준이 낮은 사람들이 이들에 대해 가지는 관념을 살펴보면 된다. 나는 세 가지 정의, 아니 정의라기보다는 세 가지 사실을 전제한다. 공화 정체란 인민 전체 혹은 단지 인민의 일부가 주권을 갖는 정체이고, 군주 정체란 군주 한 사람이 통치하지만 합법적 절차를 통해 제정된 법을 따르는 정체다. 이에 반해 전제 정체란 군주 한 사람이 법이나 규칙도 없이 오로지 자신의 의지나 기분에 따라 모든 일을 처리하는 정체를 말한다.

이것이 내가 말하는 각 정체의 본질이다. 이 본질에서 직접 파생되는 법, 즉 제1의 기본법이 무엇인가를 보아야 할 것이다.

제2장 공화 정체 및 민주 정체에 관한 법

공화 정체에서 인민 전체가 주권을 갖는다면 그것은 '민주 정체démocratie'이고, 주권이 인민의 일부에게 있다면 그것은 '귀족 정체aristocratie'라 불린다.

민주 정체에서 인민은 어떤 면에서는 군주이기도 하고 어떤 면에서는 신민(臣民)이기도 하다.

인민은 자신의 의지의 표현인 투표에 의해서만 군주가 될 수 있다. 주권자의 의지는 주권자 그 자체다. 따라서 투표권을 정하는 법률은 민주 정체에서 기본이다. 실제로 군주 정체에서 군주가 무엇이며 군주는 어떠한 방법으로 통치해야 하는가를 규정하는 것이 중요한 것과 마찬가지로, 민주 정체에서는 어떠한 방법으로, 누구에 의해, 누구에게, 무엇에 관해 투표권이 주어지는가를 규정하는 것이 중요하다.

리바니오스Libanios는 "아테네에서는 인민 총회에 끼어든 외국인은 사형에 처해졌다"[32]고 말했다. 이러한 일을 저지르는 것은 주권을 찬탈하는 짓에 해당하기 때문이다.

총회를 성립시키는 데 필요한 시민의 수효를 정한다는 것은 매우 중요한 일이다. 그렇지 않으면 시민이 말하고 있는지 아니면 단순히 시민의 일부가 말하고 있는지를 알 수 없다. 라케다이몬33에서는 만 명의 시민이 필요했다. 작은 도시로 태어나 위대한 도시가 된 로마, 운명의 모든 부침을 경험하도록 만들어진 로마, 어떤 때는 거의 전 시민을 성벽 밖에 가지고 있고 또 어떤 때는 전 이탈리아와 세계의 일부를 성벽 안에 가지고 있던 로마에서는 이 수효를 정한 일이 없었다.[34] 그리고 이것이 로마 멸망의 큰 원인 가운데 하나였다.

주권을 가진 인민은 자기가 능히 할 수 있는 일을 모두 스스로 해야 한다. 그리고 자기가 할 수 없는 일은 대리자를 통해서 해야 한다.

대리자는 인민이 임명하지 않으면 결코 인민의 것이 되지 못한다. 따라서 인민이 대리자, 즉 행정관magistrat을 임명하는 것이 이 정체의 근본 원칙이다.

인민은 때로는 군주와 마찬가지로 때로는 군주 이상으로 평의회나 원로원의 지도를 받을 필요가 있다. 그러나 평의회나 원로원이 신뢰를 얻으려면 인민이 그 의원을 선출해야만 한다. 혹은 아테네처럼 시민이 스스로 그 의원을 선출하든가, 어떤 시기에 로마에서 행해졌던 것처럼 시민이 임명한 집정관을 통해 선출해야 한다.

인민은 자기 주권의 일부를 맡겨야 할 사람을 선출하는 데 훌륭한 능력을 가지고 있다. 그들은 파악하고 있는 상황과 자명하다고 판단되는 사실에 따라 결정하기만 하면 그만이기 때문이다. 예를 들면 어떤 사람이 싸움터에 나가 어떤 공을 세웠는지는 인민이 잘 알고 있는 만큼 인민은 유능한 사령관을 선출할 훌륭한 능력을 가지고 있다. 또 인민은 어떤 재판관이 성실한지, 어떤 재판관의 심판에 만족하여 많은 사람들이 법정에 나오는지, 어떤 재판관이 부패에 연루되지 않았는지 등을 잘 알고 있기 때문에 인민이 직접 재판관을 선출하는 것은 당연하다. 인민이 재정관을 직접 선출하는 것도 어떤 시민이 재력을 가지고 있고 후하게 기부했는지를 자신의 경험을 통해 잘 알고 있기 때문이다. 이 모든 일에 대해서는 궁전에 있는 군주보다 광장에 있는 인민이 더 잘 알고 있다. 그러나 인민이 사업을 추진하고, 그 사업을 이용할 수 있는 장소, 상황, 시기를 알 수 있느냐 하면 그렇지는 않다.

만약 인민이 갖고 있는, 사람의 장점을 판별할 수 있는 자연적인 능력을 의심하는 사람이 있다면 아테네인과 로마인의 놀라운 선택에 눈을 돌리기만 하면 될 것이다. 아마 누구도 그것을 우연의 탓으로 돌리지 않을 것이다.

누구나 알다시피 로마에서는 인민 스스로가 평민을 공직에 선출할 권리를 가지고 있었는데도 평민이 공직에 선출되는 일은 없었다. 아테네에서도 마찬가지로 아리스테이데스Aristeides[35]의 법에 의해 집정관을 모든 계급에서 뽑을 수 있었으나, 크세노폰Xenophon의 말에 따르면 하층민이 자신

들의 안녕이나 영광과 관련이 있는 공직을 요구하는 일은 결코 일어나지 않았다.[36]

시민 대부분이 선거에 참여하는 데는 충분한 자격을 가지면서도 선출되기에 충분한 자질을 가지고 있지 못한 것처럼, 인민은 타인의 관리를 감독할 충분한 능력을 가지고 있으나 스스로 관리하지는 못한다.

공적인 일은 너무 빠르지도 너무 느리지도 않은 속도로 진행되어야 한다. 그런데 인민은 항상 지나치게 행동을 많이 하든가 너무 적게 한다. 때로 그들은 10만의 팔을 가지고 모든 것을 뒤집어놓지만 때로는 10만의 발을 가지고도 벌레처럼밖에 전진하지 못한다.

민주 정체État populaire[37]에서는 일반적으로 인민을 몇 개의 계급으로 구분한다. 고대의 위대한 입법자들은 이러한 구분 방식으로 그 이름을 세상에 떨쳤다. 그리고 민주 정체의 지속과 번영은 언제나 이런 인민의 구분 방식에 좌우되었다.

세르비우스 툴리우스Servius Tullius[38]는 이들 계급을 편성하는 데 귀족 정체의 정신을 따랐다. 티투스 리비우스Titus Livius[39]와 디오니시오스 할리카르나소스Dionysios Halicarnassos[40]가 쓴 로마의 역사와 관련한 책을 보면 그가 어떻게 하여 투표권을 주요 시민에게 주었는지를 잘 알 수 있다.[41] 그는 로마의 인민을 193개의 백인조(百人組)로 나누었고, 그것으로 여섯 계급을 구성했다. 그리하여 소수의 부자를 제1급의 백인조에 넣고 그보다 덜 부유한 다수의 사람을 그다음 백인조에 넣었으며 수많은 극빈자를 맨 나중의 백인조에 넣었다. 그리고 각 백인조는 한 표밖에 가지지 않았으므로,[42] 사실상 투표를 하는 것은 사람이 아니라 재력과 재물이라고 할 수 있다.

솔론Solon[43]은 아테네의 인민을 네 계급으로 구분했다. 그는 민주주의 정신에 따라 이렇게 구분하긴 했지만 선거인을 정하기 위해서가 아니라 피선거인을 정하기 위해서였다. 그는 모든 시민에게 선거권을 주었으며, 네 계급 모두 재판관을 자유로이 선출할 수 있었다. 하지만 집정관은 살림이 넉넉한 시민이 속해 있는 상위의 세 계급에서만 선출하기를 바랐다.[44]

투표권을 가지는 자의 구분이 공화 정체에서 기본법의 하나인 것처럼 투표권을 부여하는 방법을 정하는 법률 또한 다른 하나의 기본법이다.

추첨에 의한 투표는 민주 정체의 특징인 반면, 선택에 의한 투표는 귀족 정체의 특징이다.[45]

추첨은 그 누구에게도 해를 주지 않는 선거 방법이다. 그것은 각 시민에게 조국에 봉사하고자 하는 온당한 희망을 준다.

그러나 추첨은 그 자체로 결함을 가지고 있으므로 위대한 입법자들은 그것을 규제하고 수정하기 위해 실로 많은 노력을 기울였다.

아테네에서는 솔론에 의해 모든 군사 직책이 선택을 통해 임명되었으며 원로원 의원과 재판관은 추첨으로 선출되도록 규정되었다.

그는 많은 지출을 요구하는 집정관[46]은 선택에 의해 주어지고, 다른 직책은 추첨에 의해 주어지기를 바랐다.

그러나 추첨으로 인한 폐단을 우려한 그는 입후보자 중에서만 선출할 수 있다는 것, 선출된 자는 재판관의 심사를 받아야 한다는 것,[47] 선출된 자가 적합하지 않을 경우 누구나 탄핵할 수 있다는 것[48] 등의 사항을 규정했다. 그것은 추첨과 선택의 성격을 동시에 지니고 있었다. 임기가 끝나 관직에서 물러날 때, 그는 자기가 한 행동에 대해 또 한 번 심사를 받아야만 했다. 따라서 무능한 사람들은 자기 이름을 추첨에 내놓기를 매우 꺼렸을 것이 틀림없다.

투표 방법을 정하는 법률도 민주 정체에서는 또 하나의 기본법이다. 투표가 비밀이어야 하는가, 공개되어야 하는가는 중요한 문제다. 키케로Marcus Tullius Cicero[49]는 로마 공화정 말기에 투표를 비밀로 하도록 규정한 법률[50]이 로마 몰락의 주요 원인 중 하나였다고 기록하고 있다.[51] 비밀 투표는 여러 공화국에서 여러 형태로 행해지고 있으므로, 나는 다음과 같이 되어야 한다고 믿는다.

즉 인민이 투표를 할 때는 투표가 공개되어야 하며,[52] 이것은 민주 정체의 기본법으로 간주되어야 할 것이다. 하층 계급의 인민은 유력 인사들에 의해 계몽되고, 사려 깊은 몇몇 인사에 의해 통제되어야 한다. 그런데 로마 공화정에서는 투표를 비밀로 함으로써 모든 것을 파괴하고 말았던 것이다. 망해가는 민중을 계몽한다는 것은 불가능했다. 그러나 귀족 정체에서 귀족단(貴族團),[53] 민주 정체에서 원로원[54]이 투표하는 경우에는 당쟁을 방지하는 것이 시급한 문제이므로 투표는 되도록이면 비밀리에 해야 한다.

당쟁은 원로원에게 위험하다. 그것은 귀족단의 경우에도 마찬가지다. 그러나 인민의 경우는 그렇지 않다. 인민은 정념에 따라 움직이는 성질을 가지고 있기 때문이다. 인민이 통치에 전혀 참가하지 않는 나라의 경우 인민은 어떤 배우에 대해서 국가의 일에 열광하는 것처럼 열광할 것이다. 공화국의 불행은 오히려 당쟁이 없어졌을 때다. 그것은 인민을 돈으로 타락시켰을 때 생긴다. 인민은 무관심해지고 돈에 집착하게 된다. 국가의 일에 애착을 느끼지 않는다. 통치나 그와 관련하여 문제가 되는 사항에는 관심을 갖지 않고 조용히 그 대가만을 기다린다.

민주 정체의 또 하나의 기본법은 오로지 시민 전체로 구성된 인민만이 법을 만든다는 것이다. 그렇지만 원로원이 법을 제정할 필요가 있는 경우도 숱하게 있다. 이뿐 아니라 법을 제정하기 전에 그것을 시험해보는 것이 적당한 경우도 있다. 로마나 아테네의 기본법 체제constitution는 매우 현명한 것이어서, 원로원의 결의[55]는 1년 동안은 법으로서의 효력을 발휘했으나 인민의 뜻에 의하지 않고는 항구적인 법이 되지 못했다.

제3장 귀족 정체의 본질에 관한 법

귀족 정체에서 주권은 몇몇 사람의 손안에 있다. 법을 만들고 집행하는 사람이 바로 이들이다. 그리고 이들이 볼 때 나머지 사람들은 기껏해야 군주 정체에서 군주가 보는 신민과 같다.

여기서는 추첨에 의한 선거 방법을 써서는 안 된다. 그런 방법은 역효과만 가져올 뿐이다. 사실 심각한 차별이 이미 제도화된 정체에서는 추첨제가 도입되어도 사람들이 덜 추악해지지 않는다. 사람들이 부러워하는 것은 귀족이지 행정관이 아니다.

귀족이 많을 때는 귀족단이 결정할 수 없는 사항을 규정하고 또 귀족단이 결정할 사항을 준비할 원로원이 필요하다. 이럴 경우에 귀족 정체는 원로원에 있고 민주 정체는 귀족단에 있으므로 인민은 존재하지 않는다고 할 수 있다.

만약 어떤 간접적인 방법으로 극도의 절망에서 인민을 끌어낼 수 있다면 귀족 정체로서는 참으로 바람직한 일일 것이다. 그와 같은 예로서 제노바의 산타조르주 은행은 인민 중의 주요한 사람들에 의해 대부분 운영됨으로써[56] 인민에게 어느 정도 정치적 영향을 주었고 이것이 국가를 번영시켰다.

원로원 의원은 결원을 스스로 보충할 권리를 가져서는 안 된다. 왜냐하면 이 권리만큼 폐단을 항구화하는 것은 없기 때문이다. 일종의 귀족 정체였던 초기 로마에서는 원로원이 스스로 결원을 보충하는 일이 없었다. 새 원로원 의원은 국세 조사관(國勢調査官)에 의해 임명되었다.

공화 정체에서 과도한 권위가 갑자기 한 인민에게 부여되면[57] 군주 정체, 또는 군주 정체 이상의 것이 형성된다. 군주 정체에 있어서는 법이 국가 구조의 결함을 보충하거나 그것과 조화를 이룬다. 정체의 원리가 군주를 제약한다. 그러나 한 인민이 과도한 권력을 장악한 공화 정체에서 권력의 남용은 보다 더 심하다. 왜냐하면 법은 그 점을 예상하고 있지 않으며, 그를 제약할 아무런 수단도 없기 때문이다.

이러한 원칙에 대한 예외는 국가의 구조가 과도한 권력을 가진 행정관을 필요로 할 때와 같은 경우다. 집정관이 있던 로마나 감찰관이 있던 베네치아가 그 예다. 이 직책들은 폭력을 통해 국가를 자유로 복귀시키는 무서운 관직이다. 그런데 이 관직들이 어째서 이 두 공화국에서 이토록 다른 것일까? 이는 로마가 〔집정관을 둠으로써〕 귀족 정체의 잔해를 인민에게서 방어하려 한 데 반해, 베네치아는 국가의 감찰관을 귀족에 대항하여 귀족 정체를 유지하는 데 사용했기 때문이다. 그 결과 로마에서는 독재가 짧은 기간밖에 존속할 수 없었는데, 인민이 격렬한 감정에 따라 행동할 뿐 의도를 갖고 행동하지 않았기 때문이다. 집정관은 인민을 처벌하는 것이 목적이 아니라 인민을 위협하는 것이 목적이었으므로 사람의 눈을 끌도록 권력을 행사했다. 또한 집정관은 늘 예상치 못한 사태에 대응하기 위해 만들어진 것이기 때문에 단일 사건을 위해서만 설정되고 또 그 사건에 관해서만 무제한의 권력을 가지게끔 되어 있었다. 반대로 베네치아에서는 그 때문에 상설적인 관직이 필요했다. 여기서는 음모가 시작되고 이어지며 중지되었다가 다시 시작될 수 있을뿐더러 개인의 야심이 한 가족의 야심으로, 한 가족의 야심이 여러 가족의 야심으로 이어지기 때문이다. 또한 여기서는 처벌해야 할 범죄가 늘 깊이 숨겨져 은밀하게 기도되므로 비밀 관직이 필요했다. 감찰관은 알려져 있는 악을 저지하는 것이 아니라 알려져 있지 않은 악도 예방하는 것이 임무이기 때문에 모든 일에 대한 광범위한 수사권을 가지고 있어야 한다. 요컨대 베네치아의 감찰관은 혐의가 있는 범죄자를 처벌하기 위해 만들어지고, 로마의 집정관은 범인이 자백을 하는 범죄에 대해서조차 형벌보다는 오히려 위협을 가한다.

모든 관직에 있어서 권력의 비대함은 짧은 임기로 보완되어야 한다. 그렇기 때문에 입법자들은 대부분 1년을 임기로 정했다. 그보다 더 긴 기간은 위험하며, 더 짧은 기간은 그 임무의 성질에 어긋난다. 자기 집 살림을 그런 식으로 관리하려는 사람이 어디 있겠는가? 라구사[58]에서는 공화국의 우두머리는 매달, 그 밖의 관리는 매주, 요새의 사령관은 매일 바뀐다.[59] 이와 같은 일은 강대국에 둘러싸여 말단 관리들이 쉽사리 매수당할 우려가 있는 작은 공화국에서만 찾아볼 수 있다.[60]

가장 바람직한 귀족 정체는 인민 중에서 권력에 참여하지 않은 사람이 매우 적고 매우 가난하기 때문에 지배층이 이들을 억압할 생각을 전혀 하지 않는다. 예를 들면 안티파테르Antipater[61]는 아테네에서 2,000드라크마[62]를 가지지 못한 자는 투표권을 행사할 수 없다고 정하면서 가능한 범위 내에서 최상의 귀족 정체를 만들었다.[63] 왜냐하면 이 기준액은 극히 적은 액수였으므로 극소수 사람만이 제외되었고, 도시 국가 내에서 조금이라도 존경받는 사람이라면 누구도 제외되지 않았기 때문이다.

따라서 귀족 정체의 가문들은 가능한 한 인민과 유리되어서는 안 된다. 다시 말해 귀족 정체는 민주 정체에 접근하면 할수록 더 완전해질 것이다. 같은 논리로 귀족 정체는 군주 정체에 접근하면 할수록 덜 완전해질 것이다.

모든 귀족 정체 가운데 가장 불완전한 것은, 농민이 귀족의 노예인 폴란드의 귀족 정체처럼, 복종하는 계급이 명령하는 계급에 대해 사회적 노예 상태에 있는 경우다.

제4장 군주 정체의 본질에 관한 법

중개적(仲介的)이고 종속적이며 의존적인 권력은 군주 정체, 즉 오직 한 사람이 기본법에 따라 통치하는 정체의 본질을 형성한다. 나는 중개적이고 종속적이며 의존적인 권력이라고 말했다. 실제로 군주 정체에서는 군주가 모든 정치적·시민적 권력의 원천이기 때문이다. 이 기본법은 필연적으로 권력이 유통되는 수로를 전제한다. 왜냐하면 나라 안에서 한 사람의 순간적이고 자의적인 의지만 존재한다면 그 어떤 것도 안정될 수 없을 것이고 결국 어떤 기본법도 존재할 수 없기 때문이다.

가장 자연스럽게 나타나는 종속적이며 중개적인 권력은 귀족의 권력이다. 귀족은 어떤 면에서 보면 군주 정체의 핵심이며, 이러한 군주 정체의 기본 격언은 다음과 같다. "군주 없이 귀족 없고, 귀족 없이 군주 없다." 귀족이 없으면 오직 전제 군주만 있을 뿐이다.

유럽의 몇몇 나라에서 영주의 모든 재판권을 폐지하려 했던 사람들이 있었다.[64] 그들은 자기들이 하고자 하는 일을 일찍이 영국 의회에서 행했었다는 사실을 알지 못했다. 만약 군주 정체에서 영주나 성직자, 귀족이나 도시의 특권을 폐지한다면 얼마 지나지 않아 민주 국가나 전제 국가가 생겨날 것이다.

유럽의 한 대국(大國)의 법정[65]은 몇 세기 전부터 끊임없이 영주의 세습적 재판권과 성직자의 재판권에 타격을 가하고 있다. 우리는 지극히 현명한 재판관들을 비난하려는 것이 아니다. 단 그것에 의해 나라의 제도가 얼마나 변할 수 있는가 하는 판단만은 남겨둘 생각이다.

나는 성직자의 특권을 무조건 고집할 생각은 없다. 다만 그들의 재판권이 분명하게 확정되기를 원할 따름이다. 그것이 확립될 이유가 있는가 없는가의 여부를 아는 것이 문제가 아니다. 문제는 그것이 확립되어 있는가, 국법(國法)의 일부인가, 다른 법률과 연관되어 있는가, 독립된 것으로 인정하는 두 가지 권력은 서로 동일한 조건을 가져서는 안 되는가, 또 훌륭한 신하에게 있어서 군주의 재판권을 옹호하는 것과 모든 시대에 걸쳐 이 재판권에 가해져온 한계를 옹호하는 것이 같지는 않은가 하는 점 등이다.

공화 정체에서 성직자의 권력이 위험하면 군주 정체, 특히 전제주의despotisme로 기울어지는 군주 정체에는 성직자가 권력을 갖는 것이 적합하다. 법을 상실해버린 이후의 에스파냐나 포르투갈에 만약 자의적인 권력을 저지하는 이 유일한 세력이 없었다면 과연 어떻게 되었을까? 다른 방책이 없을 때 그것은 항상 좋은 방책이 될 수 있다. 전제주의는 인성(人性)에 무서운 해를 끼치므로 그것을 제한하는 악마저도 선이 된다.

대지를 덮어버릴 것처럼 보이는 바다도 해안에 있는 풀이나 자갈에 막히듯이 무제한의 권력을 가진 것처럼 보이는 군주도 가장 작은 장애에 의해 저지당하고 그의 천성적인 거만이 억제당하며 호소나 탄원 앞에 굴복한다.

영국인은 자유를 신장하기 위해 군주 정체를 구성하고 있던 모든 중간 권력을 제거했다. 그들이 이 자유를 지키려는 것은 당연하다. 만약 자유를 잃어버리는 날이면, 그들은 세상에서 가장 노예적인 인민이 될 것이다.

로John Law[66]는 공화국의 제도나 군주국의 제도에 관해서 똑같이 무지했기 때문에 유럽에서 보기 드문 전제주의를 가장 강력하게 촉진한 사람이 되었다. 그는 전대미문의 변혁을 행했을 뿐만 아니라 여러 중간 계급을 제거하고, 정치 단체를 전멸시키고자 했다. 그는 비현실적인 방법으로 빚을 갚으려 함으로써 군주 정체를 와해시키고,[67] 또한 군주 정체 자체를 다른 것으로 바꿔주려는 것처럼 보였다.

군주 정체가 존속하기 위해서는 중간 권력이 있는 것만으로는 충분하지 않다. 그 밖에 법의 기탁소(寄託所)[68]가 있어야 한다. 이 기탁소는 정치 기관에 의해서만 수행될 수 있다. 이곳은 법이 만들어졌을 때 이를 알리고, 또 법이 잊혀졌을 때 이를 상기시킨다. 시민 통치gouvernement civil에 대한 귀족 계급의 천성이나 다름없는 무지나 부주의, 경멸은 법을 그 매몰된 먼지 속에서 끊임없이 끄집어낼 정치 기관의 존재를 필요로 한다. 군주의 고문(顧問) 회의는 적당한 기탁소가 아니다. 그것은 성격상 집행권을 가진 군주의 일시적인 의지의 기탁소이지 기본법의 기탁소가 아니다. 게다가 군주의 고문 회의는 끊임없이 변한다. 그것은 결코 변함없이 오래가지 않는다. 또 그것은 다수일 수도 없다. 그것은 충분할 만큼 인민의 신뢰를 얻지 못하고 있다. 따라서 어려운 시기에 인민을 계몽할 수도 없고, 또 인민을 복종으로 이끌 수도 없다.

전제 국가에는 기본법이 없으며, 따라서 법의 기탁소도 없다. 따라서 이런 국가에서는 대개 종교가 강력한 힘을 가지고 있다. 그것은 종교가 일종의 상설적인 기탁소의 역할을 하고 있기 때문이다.[69] 종교가 아니라면 법 대신 관습이 준수된다.

제5장 전제 국가의 본질에 관한 법

전제 권력의 본질은, 그 권력을 행사하는 유일한 인간이 그것을 역시 단 한 사람에게 위임한다는 것이다. 온몸으로 자신이 세상의 전부이고 타인은 무(無)라고 알고 있는 인간은 당연히 나태하고 무지하며 향락적이다. 따라서 그는 나랏일을 팽개친다. 만약 그가 나랏일을 여러 사람에게 맡긴 경우, 그들 사이에서는 싸움이 일어날 것이다. 그들은 제1의 노예가 되기 위해 음모를 꾀할 것이며, 이때 군주는 행정에 개입하지 않을 수 없을 것이다. 따라서 그와 동등한 권력을 갖는 한 사람의 재상vizir[70]에게 권력을 맡기는 편이 오히려 간단하다. 이런 나라에서는 재상을 두는 것이 기본법이다.

어떤 교황은 선거에 즈음하여 자기의 무능을 깨달아 처음에는 난색을 표했다. 그는 결국 이를 수락하고 모든 일을 조카에게 맡겼다.[71] 그는 감탄하며 "이렇게 쉬운 일인 줄 생각지도 못했다"고 말했다. 동방의 군주도 이와 마찬가지다. 내시에 의해 몸과 마음이 약화되어 때로는 자기 신분조차 분별하지 못할 만큼 방치되었다가 왕위에 오르기 위해 감옥에서 끌려 나오게 되면 그들은 처음에는 놀란다. 그러나 재상을 정하고 후궁(後宮)에서 가장 동물적인 욕정에 몸을 맡기고 타락한 궁정의 한가운데서 가장 어리석은 짓에 열중하노라면, 그들은 나라를 다스리는 것이 이렇게 쉬운 일인 줄은 꿈에도 생각지 못했다고 여길 것이다.

제국이 넓으면 넓을수록 후궁은 커지고, 따라서 군주는 더욱더 쾌락에 빠지게 된다. 이렇게 하여 이런 나라에서 군주는 통치해야 할 인민이 많으면 많을수록 점점 더 통치를 생각지 않게 되고 나랏일이 중요하면 중요할수록 그 일에 관해

의논하는 일이 적어진다.

제3편
세 가지 정체의 원리

제1장 정체의 본질과 원리의 차이

이제까지 우리는 각 정체의 본질과 관련된 여러 가지 법을 검토했다. 이제는 그것의 원리와 관련된 법을 살펴보아야 한다.

각 정체의 본질과 원리 사이에는 다음과 같은 차이가 있다. 즉 본질이란 정체로 하여금 그렇게 존재하게 만드는 것이고, 원리란 그것을 움직이게 하는 것이다. 전자는 정체의 고유한 구조이고 후자는 정체를 움직이게 하는 인간의 정념이다.

그런데 법은 각 정체의 본질뿐 아니라 그 원리와도 관련되어야 한다. 따라서 무엇이 그 원리인지를 찾아내야 한다. 여기서 내가 하고자 하는 것이 바로 이것이다.

제2장 다양한 정체의 원리

앞에서 말한 것처럼 공화 정체의 본질은 인민 전체나 혹은 몇몇 가족이 주권을 가지고 있는 것이고, 군주 정체의 본질은 군주가 주권을 가지되 그것을 정해진 법에 따라 행사하는 것이며, 전제 정체의 본질은 오직 한 사람이 자신의 의지와 기분에 따라 통치하는 것이다. 이들 정체의 세 원리를 찾아내는 데는 이것만으로 충분하다. 원리는 거기서 자연히 파생된다. 나는 공화 정체부터 시작하고자 한다. 그 전에 우선 민주 정체에 관해 알아보자.

제3장 민주 정체의 원리

군주 정체나 전제 정체를 유지하고 지탱하는 데는 많은 성실성이 요구되지 않는다. 군주 정체에서는 법의 힘이, 전제 정체에서는 항상 올려져 있는 군주의 팔이 모든 것을 결정하고 억제한다. 그러나 민주 정체 국가État populaire에서는 그 이상의 원동력이 필요하다. 그것이 바로 덕성이다.[72]

내가 지금 말하는 것은 전 역사를 통해 확인되었을 뿐 아니라 사물의 이치에도 맞는 사실이다. 군주 정체에서는 법을 집행하게 하는 자가 자신을 법 위에 있다고 생각하기 때문에 민주 정체에서보다 적은 덕성〔정치적 덕성〕을 필요로 하지만 법을 집행하게 하는 자가 그 자신이 법의 지배를 받고 있다고 생각하는 민주 정체gouvernement populaire에서는 많은 덕성을 필요로 한다는 것은 명백한 사실이기 때문이다.

또한 나쁜 조언이나 부주의 때문에 법의 집행을 게을리하는 군주는 잘못을 쉽사리 고칠 수 있다는 것도 명백하다. 군주는 고문(顧問)을 바꾸거나 부주의 자체를 고치면 된다. 그러나 민주 정체에서 법이 집행되지 않게 된 경우에는 그것이 공화국의 부패의 결과로서만 생기는 것이므로 국가는 이미 몰락의 길에 들어선 것이라 할 수 있다.

이전 세기에 영국인들이 민주 정체를 수립하기 위해 기울인 온갖 헛된 노력은 참으로 재미있는 구경거리였다. 나랏일을 담당한 사람들은 덕성이 부족했고, 그들의 야심은 가장 대담한 자[73]의 성공에 자극받았으며, 당파심은 다른 당파심에 의해서만 억제되었다. 따라서 통치 체제는 끊임없이 변했다. 놀란 인민들이 민주 정체를 찾았으나 어디에서도 발견할 수 없었다. 결국 그들은 온갖 소란과 충격과 혼란을 겪은 뒤에 축출했던 바로 그 정체에 다시 의지하지 않으면 안 되었다.

술라Sulla[74]가 로마에 자유를 회복시키고자 했을 때, 로마는 이미 그것을 받아들일 수 없었다. 로마는 이미 덕성의 찌꺼기밖에 가지고 있지 않았으며, 그 후에도 자유는 점점 더 줄어들 뿐이었으므로 그것을 받아들일 수 없었다. 카이사

르Caesar, 티베리우스Tiberius, 칼리굴라Caligula, 클라우디우스Claudius, 네로Nero, 도미티아누스Domitianus로 이어지며 지배자가 교체된 후에도 로마는 여전히 노예 상태에 있었다. 타격은 전적으로 폭군에게만 가해졌고, 폭정 자체에는 가해지지 않았다.

민주 정체하의 그리스 정치가들은 정체를 유지할 힘으로서 덕성만을 인정했다. 하지만 오늘날의 정치가들은 제조업이나 상업, 금융이나 부, 그리고 사치에 관해서 이야기할 뿐이다.

덕성이 소멸될 때 야심은 그것을 받아들일 수 있는 사람의 마음속에 들어가고 탐욕은 모든 사람의 마음속에 들어간다. 인간의 다양한 욕망은 대상을 바꾸기 때문에 인간은 과거에 사랑했던 것을 사랑하지 않게 된다. 법과 함께함으로써 자유로웠던 자가 법으로부터 자유로워지길 원한다. 이제 개개의 시민은 주인의 집에서 도망쳐 나온 노예와 같다. '준칙'이었던 것을 '가혹함'이라 부르고, '규칙'이었던 것을 '구속'이라 부르며, '관심'을 '두려움'이라 부른다. 오늘날에는 탐욕이 아닌 검소를 인색이라 부른다. 옛날에는 개인의 재산이 국고였지만, 이제는 국고가 몇몇 개인의 가산(家産)이 된다. 공화국은 이제 빈껍데기일 뿐 그 힘은 몇몇 시민의 권력과 만인의 방종에 지나지 않는다.

아테네는 엄청난 영광으로 군림했을 때나 커다란 굴욕으

로 종속되었을 때 언제나 같은 숫자의 병력을 지니고 있었다. 페르시아인에 대항해서 그리스인을 지켰을 때, 스파르타와 패권을 다투었을 때, 그리고 시칠리아를 공격했을 때, 아테네는 2만의 시민(병력)을 갖고 있었다.[75] 데메트리우스Demetrius가 시장에서 노예를 세는 것처럼 그 수를 헤아렸을 때 아테네는 2만의 시민을 보유하고 있었다.[76] 필리포스Philippos[77]가 그리스를 지배하려고 아테네의 성문에 나타났을 때, 아테네는 그때까지만 해도 시기를 놓친 것에 지나지 않았다.[78] 데모스테네스Demosthenes를 읽어보면, 아테네를 각성시키는 데 얼마만큼의 노력이 필요했는지 알 수 있다. 아테네 사람들은 필리포스를 자유의 적으로서가 아니라 그들의 쾌락을 위협하는 적으로서 두려워했다.[79] 일찍이 그렇게도 많은 패배를 견뎌내고 파괴된 뒤에도 다시 일어섰던 이 도시는, 카이로네아에서 패배한 뒤로는 영원히 패배하고 말았다. 필리포스가 모든 포로를 돌려보냈다고 하지만 그것이 아테네에 무슨 소용이 있었겠는가? 그는 (남성) 시민들을 돌려보내지 않았다. 아테네의 병력을 이기는 일은 언제나 쉬웠지만, 아테네의 덕성을 이기는 일은 그 병력을 이기는 일만큼이나 어려웠다.

카르타고는 어떻게 유지될 수 있었는가? 총독이 된 한니발Hannibal이 공화국을 약탈하려는 고관들을 저지하려고 했을 때, 고관들은 그를 로마에 고발하려 하지 않았던가. 불쌍

한 자들이여. 도시 국가도 없이 시민이 되고자 하며 자신들을 파괴하려는 자의 손으로 스스로의 재산을 지키려 하다니! 얼마 후에 로마는 그들에게 유력한 시민 300명을 인질로 요구했다. 로마는 무기를 빼앗고, 곧이어 그들에게 선전포고를 했다. 무장을 해제당한 카르타고에서 행해진 절망적인 사건들[80]을 보면 만약 카르타고에 병력이 있고 덕성도 있었다면 어느 정도의 일을 해냈을지 알 수 있을 것이다.

제4장 귀족 정체의 원리

민주 정체에서 정치적 덕성이 필요한 것처럼 귀족 정체에서도 일정한 덕성이 필요하다. 그러나 후자의 경우에는 덕성이 전자의 경우처럼 절대적으로 필요하지는 않다.

귀족을 대하는 인민은 군주를 대하는 신하와 마찬가지지만 귀족의 법에 의해 통제를 받는다. 따라서 귀족 정체는 민주 정체에서의 인민에 비해 덕성을 덜 필요로 한다. 그렇다면 귀족들은 어떻게 통제되는가? 자기 동료에 대하여 법을 집행해야 할 사람은 자신에게도 그 법이 영향을 미칠 것임을 느끼게 된다. 따라서 구조의 성질상 이 집단에서는 덕성이 필요하다.

귀족 정체는 민주 정체가 갖지 못한 힘을 가지고 있다. 그래서 귀족은 하나의 집단을 형성하며 이 집단은 특권을 이용하여 자기 고유의 이익을 위해 인민을 억압한다. 이 점에 관하여 법이 집행되기 위해서는 법이 존재하는 것만으로 충분하다.

그러나 이 집단은 남을 억압하기는 쉽지만 자기 자신을 억압하기는 어렵다.[81] 귀족 정체 구조는 그 성격상 동일한 사람들을 법의 지배 밑에 두고 있으면서 동시에 법의 지배에서 해방시켜주고 있는 것처럼 보인다.

그런데 이와 같은 집단이 자신을 통제할 수 있는 방법은 다음 두 가지 방법밖에 없다. 즉 어떤 점에서 귀족을 인민과 평등하게 만드는 위대한 덕성이나, 귀족을 그들 자신 사이에서 서로 평등하게 하는 일종의 절제modération인 보다 작은 덕성에 의지하는 것이다. 전자는 위대한 공화국을 형성시키고, 후자는 그들을 온전하게 보존시킨다.

따라서 절제야말로 이 정체의 영혼이라고 할 수 있다.[82] 내가 말하는 것은 덕성에 의거하는 절제이지 영혼의 나태나 비겁함에서 유래하는 절제가 아니다.

제5장 덕성은 결코 군주 정체의 원리가 아니다

군주 정체에서 정치는 가능한 한 최소한의 덕성을 가지고 큰일을 하게 한다. 가장 우수한 기계의 경우 가능한 한 적은 운동, 동력, 바퀴를 사용하는 기술로 작동하는 것과 같다.

조국애, 참다운 영광의 희구, 자기희생, 가장 귀중한 이익의 희생, 그리고 고대인에게서 찾아볼 수는 있으나 우리는 다만 그 이야기를 들어서 알 따름인 모든 영웅적인 덕성, 국가는 이 같은 모든 것에서 독립하여 존속한다.

군주 정체에서는 법이 이 모든 것을 대신하므로 덕성은 전혀 필요하지 않다. 국가가 군주들에게 그것을 면제해준다. 거기서는 은밀하게 이루어진 행위도 전혀 문제되지 않는다.

모든 범죄는 그 성격상 공적이다. 그럼에도 공적인 범죄와 사적인 범죄는 구별된다. 사적인 범죄라 불리는 것은 그것이 사회 전체보다 한 개인에게 해를 끼치기 때문이다.

그런데 공화국에서는 사적인 범죄가 오히려 공적인 범죄가 된다. 다시 말하면 개인이 저지른 범죄가 개인보다도 국가의 구조에 더 타격을 준다는 것이다. 이에 반해 군주 정체에서는 공적인 범죄가 오히려 사적인 범죄가 된다. 즉 사회적인 문제가 국가의 구조 자체보다도 개인의 안전에 더 타격을 준다.

내가 하려는 말 때문에 독자들이 기분 상하는 일이 없기를 바란다. 나는 모든 역사를 검토한 후에 이야기하고 있기 때문이다. 그리고 덕망 있는 군주가 드물지 않다는 것을 잘 알고 있다. 그러나 내가 말하고자 하는 것은 군주 정체에서는

인민이 덕을 갖추기가 어렵다는 점이다.[83]

군주의 궁정에 관한 전 시대의 역사가의 서술을 읽어보라. 모든 나라 사람들이 궁정 신하들의 비천한 성격에 관해 말하는 바를 상기해보라. 슬프지만 그것은 결코 사변적 사실이 아니라 경험적 사실이다.

무위도식 속의 야심, 거만 속에 숨어 있는 야비함, 일하지 않고 부자가 되고자 하는 욕망, 진리에 대한 혐오, 아첨, 배반, 불성실, 모든 책임의 포기, 시민의 의무에 대한 경멸, 군주의 덕성에 대한 공포, 군주의 나약함에 대한 기대, 그리고 이 모든 것보다 더한 덕성에 대한 끊임없는 조소가 때와 장소를 초월하여 대부분의 궁정 신하들의 두드러진 특징을 이루고 있다고 나는 생각한다. 그런데 한 나라의 대다수 유력 인사가 정직하지 않고 하층 계급의 사람들이 훌륭하다는 것, 전자가 사기꾼이고 후자가 늘 사기당해야 한다는 것은 매우 곤란한 일이다.

만약 인민 가운데 보잘것없는 성실하고 정직한 사람hon-nête homme이 있다면,[84] 군주는 그를 등용하지 않도록 조심해야 한다고 리슐리외Armand-Jean du Plessis Richelieu 추기경은 자신의 《정치 유언*Testament politique*》에서 넌지시 말했다.[85] 덕성이 군주 정체의 동력이 아니라는 점은 이처럼 자명하다. 물론 덕성이 배제되는 것은 아니지만 군주 정체의 동력은 아니라는 것이다.

제6장 군주 정체에서 덕성의 결여는 어떻게 보충되는가

내가 군주 정체를 풍자하고 있다는 오해를 받지 않기 위해 나는 서둘러 큰 걸음으로 가려 한다. 군주 정체는 하나의 동력이 결여되어 있더라도 다른 동력은 가지고 있다. 명예, 즉 각각의 개인과 계급의 편견이 내가 말한 정치적 덕성의 자리를 차지하여 어디에서든 나타난다. 군주 정체에서 명예는 가장 아름다운 행동을 불러일으키기도 한다. 명예는 법의 힘과 결합해서 덕성의 경우와 마찬가지로 정체의 목적을 향해 나아가게 한다.

이렇듯 잘 조정된 군주 정체에서는 모든 사람이 대부분 선량한 시민이지만 덕이 있는 사람[86]을 찾아내기란 쉽지 않다. 덕이 있는 사람이 되려면 덕이 있는 사람이 되고자 하는 의도를 가지고 있어야 하며,[87] 자기 자신을 위해서가 아니라 국가 자체를 위해서 국가를 사랑하지 않으면 안 되기 때문이다.

제7장 군주 정체의 원리

군주 정체는 이미 이야기한 바와 같이 신분적 지위 및 권리, 나아가 출생에 의한 귀족 체계를 전제하고 있다. '명예'는 본질적으로 특혜와 차별을 요구한다. 따라서 명예는 그 자체로 군주 정체에 뿌리내리고 있다.

야심은 공화정에 해롭다. 그러나 군주 정체에서는 좋은 효과를 낳는다. 야심은 군주 정체에 활력을 불어넣지만 위험하지 않다. 군주 정체에서 야심은 끊임없이 통제될 수 있기 때문이다.

군주 정체는 마치 만물을 중심에서 끊임없이 멀리하려는 힘과 그것들을 중심으로 되돌리는 중력이 있는 우주의 체계와 같다고 할 수 있다. 명예는 정치체corps politique[88]의 모든 부분을 움직이며, 그 작용 자체에 의해 이 모든 부분을 결합하여 하나로 만든다. 그래서 각자가 자기의 사적인 이익을 좇고 있다고 믿으면서도 실제로는 공동의 선(善)을 향하는 결과가 나올 수 있다.

철학적으로 말하자면 국가의 모든 부분을 이끌어가는 것은 바로 위선적인 명예다. 그러나 진정한 명예가 그것을 가질 수 있는 개인에게 유용한 것과 마찬가지로 이러한 위선적인 명예도 공공에 대해서 역시 유용하다.

그리고 인간에게 그 행위에 대한 평가와 칭찬 말고는 아무런 보상도 없이, 곤란할 뿐 아니라 노력까지도 필요로 하는 행위를 하도록 시킨다는 것은 대단한 일이 아니겠는가?

제8장 명예는 결코 전제 국가의 원리일 수 없다

'명예'는 결코 전제 국가의 원리가 될 수 없다. 전제 국가에서는 모든 인간이 평등하므로 아무도 자신을 남보다 우위에 놓을 수 없으며, 또한 모든 인간이 노예이므로 아무도 자신을 사물보다 우위에 놓을 수 없다.

더구나 명예는 고유의 법과 규칙을 가지고 있어 굴종할 줄을 모르고 그것 자체의 생각이나 뜻에 전적으로 의존한다. 따라서 타인의 생각이나 뜻에서 독립되어 있으므로, 나라의 제도가 일정하고 확고한 법을 갖는 국가에서만 볼 수 있다.

전제 군주 아래서 어떻게 명예가 허용되겠는가? 명예는 생명을 대수롭지 않게 여기는 것을 영광으로 안다. 그런데 전제 군주가 힘을 갖는 것은 그가 생명을 박탈할 수 있기 때문이다. 어떻게 명예가 전제 군주를 허용할 수 있겠는가? 명예는 따라야 할 규칙과 유지되어야 하는 생각이나 뜻을 가지고 있지만 전제 군주는 아무런 규칙도 가지고 있지 않으며 그의 자의적인 생각이나 뜻은 그 밖의 모든 것을 파괴한다.

명예는 전제 국가에서는 알려져 있지 않으므로 그것을 표현하는 말도 없지만,[89] 군주 정체에서는 널리 퍼져 있다. 명예가 여기서는 모든 정치체 및 법률, 그리고 덕성에까지 활기를 불어넣는다.

제9장 전제 정체의 원리

공화 정체에서는 덕성이, 군주 정체에서는 명예가 필요한 것처럼 전제 정체에서는 '공포'가 필요하다. 여기서 덕성은 전혀 필요치 않으며 명예는 위험할 것이다. 군주의 막대한 권력이 여기서는 군주가 명예를 맡긴 사람들에게 전부 넘어간다. 전제 정체에서 자기 자신을 대단하게 평가할 수 있는 사람은 혁명을 일으킬 수도 있다. 따라서 공포를 통해 모든 용기를 잃게 하고 최소한의 야심까지도 없애버릴 필요가 있다.

온건한 정부는 바라는 대로 아무 위험 없이 공포를 완화할 수 있으며, 이 상태에서 정체는 법률과 물리력에 의해 유지된다. 그러나 전제 정체에서 군주가 한순간이라도 팔을 드는 것을 그만둘 때, 또 최고의 지위에 있는 사람들을 바로 사라지게 할 수 없을 때[90] 모든 것은 상실되고 만다. 왜냐하면 정체의 동력인 공포가 더 이상 존재하지 않는 상황에서 인민은 더 이상 자신들의 보호자를 갖지 않기 때문이다.

"위대한 영주가 말이나 서약으로써 자신의 권력을 제한할 경우, 그는 그것에 의해 구속되지 않는다"라고 카디cadi[91]가 주장한 것은 아마도 이런 의미에서일 것이다.[92]

인민은 법으로 심판받고 귀족은 군주의 일시적 기분에 따라 심판받아야 한다. 다시 말해서 가장 하위에 있는 벼슬아치나 백성의 목은 안전하고 고관의 목은 항상 위험한 상태에 놓여 있는 것이다. 이 무서운 정체에 관해서 이야기할 때는 실로 전율을 느끼지 않을 수 없다. 최근 미르 바이스Myrr-Weiss[93]에 의해 왕위를 빼앗긴 페르시아의 왕은 충분히 피를 흘리지 않은 까닭에 정체가 정복되기 전에 붕괴되는 것을 보았다.[94]

역사에 의하면 도미티아누스 황제의 잔인무도함은 지사(知事)들을 두렵게 했으므로 그의 치하에서 시민은 다소 안심했을 정도였다고 한다.[95] 이처럼 한쪽을 완전히 황폐하게 한 급류는 다른 한쪽에서는 멀리 몇 개의 목초지를 바라볼 수 있는 들판을 남겨놓는다.

제10장 온건 정체와 전제 정체하에서의 복종의 차이

전제 정체는 본질적으로 극도의 복종을 필요로 한다. 그리고 군주의 의지는 일단 알려진 이상 다른 공(球)을 향해 던져진 공이 가져야 할 효과와 같이 분명한 효과를 발휘해야 한다.

완화, 수정, 타협, 한계, 등가, 협상, 질책 등은 없으며 이와 같은 것이나 혹은 이보다 더 나은 것을 제안할 수도 없다. 인간은 의지를 갖는 다른 피조물에 복종하는 피조물에 불과하다.

전제 정체하에서 인간은 미래의 일에 관해 불안감을 나타낼 수 없으며 불행한 상황을 운명의 장난으로 돌려 변명할 수도 없다. 인간의 운명은 짐승처럼 본능과 복종과 징벌로 이루어진다.

자연스러운 감정, 즉 아버지에 대한 존경, 아이와 아내에 대한 애정, 명예 규범이나 건강 상태 같은 것을 말해봐야 아무 소용이 없다. 명령을 받으면 그것만으로 충분하다.

페르시아에서는 왕이 어떤 자에게 형을 선고했을 경우, 그 누구도 그 사람에 관해 왕에게 이야기할 수도, 사면을 요청할 수도 없다. 설령 왕이 술에 취하거나 이성을 잃은 상태에서 내린 판결이라도 형은 집행되어야 한다.[96] 그렇지 않으면 왕이 모순에 빠지는 셈이 된다. 그리고 법은 모순에 빠질 수도 없다. 전제 정체에서는 어느 시대에나 이와 같은 사고방식이 존재했다. 아하스에로스[97] 왕은 유대인을 절멸하라고 내린 명령을 철회하는 대신 유대인에게 방어할 기회를 주기로 결정함으로써 위기에서 벗어날 수 있도록 했다.

그러나 때로 군주의 의지에 맞서게 할 수 있는 것이 하나 있다.[98] 그것은 종교다. 만약 군주가 명령하면 아버지를 버리고 아버지를 죽이기조차 할 것이다. 그러나 군주가 술을 마시기를 바라고 명령하더라도 사람들은 그렇게 하지 않을 것이다. 종교의 법은 군주 중의 군주에 대해서도 신하 중의 우두머리와 마찬가지로 권위를 지니기 때문에 초월적인 규범이다. 하지만 자연법은 그렇지 않다. 군주는 인간 이상으로 간주되기 때문이다.

온건한 군주 국가에서 권력은 그 동력을 이루는 것에 의해 제한을 받는다. 내가 말하고자 하는 것은 명예인데, 그것은 군주나 다름없이 왕족과 백성을 지배한다. 군주에게 종교의 법을 내세우며 이러쿵저러쿵하려는 사람은 아무도 없을 것이다. 그런 짓을 하면 궁정의 신하도 웃음거리가 되리라 여길 것이다. 언제나 군주에 대해서는 명예의 법을 내세울 것이다. 그로 말미암아 복종에도 필연적인 변화가 생긴다. 명예는 본래 묘한 것이며 복종도 마찬가지다.

군주 정체와 전제 정체에서 복종하는 방법은 다르다 할지라도 권력은 마찬가지다. 국왕은 어느 방향을 향하든 우위를 차지하므로 균형을 뒤엎고 복종을 받는다. 차이점이라면 군주는 군주 정체에서 계몽되어 있고 대신들은 전제 정체에서 훨씬 더 능숙하게 일한다는 점이다.

제11장 전제 고찰

세 가지 정체의 원리는 이상과 같다. 즉 어떤 공화국에서는 사람들에게 덕이 있음을 의미하는 것이 아니라 사람들에게 덕이 있어야 함을 의미한다. 그리고 이것은 어떤 군주 국가에서는 명예를 가지고 있고 혹은 특별히 어떤 전제 국가에서는 공포를 가지고 있음을 증명하는 것이 아니라, 명예나 공포를 가져야 함을 증명한다. 명예나 공포가 결여되어 있으면 정체는 완전하다고 할 수 없다.[99]

제2부

제11편
국가 정체와의 관계에서
정치적 자유를 구성하는 법

제6장 영국의 제도[100]

각 나라에는 세 가지 종류의 권력이 있다.[101] 입법권 및 만민법과 관련한 사항을 집행하는 권한, 시민권과 관련한 사항을 집행하는 권한[102]이 그것이다.

첫 번째, 권력에 따라 군주와 행정관은 일시적이거나 항구적인 법을 만들고, 만들어진 법을 개정하거나 폐지한다. 두 번째, 권력에 따라 강화(講和)하기도 하고 전쟁을 수행하기도 하며 대사를 파견하거나 맞이하며 안보를 수립하고 침공에 대비한다. 세 번째, 권력에 따라 범법자를 처벌하고 개인간의 분쟁을 해결한다. 마지막 것을 간단히 재판권이라 부르고 다른 것을 국가의 집행권이라 부른다.

시민에게 정치적 자유란 각자가 자신의 안전에 대한 권리를 갖는다는 생각에서 유래하는 정신적 안정이다. 그리고 시민이 이러한 자유를 갖게 하기 위해서 정부는 한 시민이 다른 시민을 두려워하지 않도록 보장해주어야 한다.

동일한 사람 또는 동일한 관리 집단의 수중에 입법권과 집행권이 한데 모일 때 자유는 존재하지 않는다. 왜냐하면 같은 군주 또는 같은 원로원이 법을 독재적으로 집행하기 위해 독재적인 법을 만들 염려가 있기 때문이다.

재판권이 입법권과 집행권으로 분리되어 있지 않은 경우에도 역시 자유는 존재하지 않는다. 재판권이 입법권과 결합하게 되면 시민의 생명과 자유에 대한 권력은 자의적인 것이 될 것이다. 왜냐하면 재판관이 입법자가 되기 때문이다. (또한) 재판권이 집행권과 결합하게 되면 재판관은 압제자의 힘을 갖게 될 것이다.

동일한 사람이나 동일한 제후 혹은 귀족이나 인민 집단이 이 세 가지 권력, 즉 법을 제정하는 권력, 공적인 결의를 집행하는 권력, 그리고 범죄나 개인 간의 분쟁을 판단하는 권력 등을 모두 행사한다면 모든 것을 잃게 될 것이다.

대부분의 유럽 왕국에서 정체는 제한적이다. 왜냐하면 군주가 첫 번째와 두 번째 권력을 가지고 있으나 세 번째 권력을 신하로 하여금 행사하게 하기 때문이다. 터키에서는 이 세 권력이 황제의 손에 집중되어 무서운 전제 정치가 행해지고 있다.

이 세 권력이 결합되어 있는 이탈리아의 공화국에서는 우리 군주 국가보다 자유가 더 적다. 따라서 정체는 자기를 유지하기 위해 터키와 같이 폭력적인 수단을 필요로 한다. 국가 감찰관[103]이나 밀고자가 언제든지 고발장을 던질 수 있는 고소함(告訴函)이 바로 그 증거다.

이런 공화국에서 시민의 처지가 도대체 어땠는지를 보라. 여기서는 동일한 관리 집단이 입법자로서 주어진 모든 권력을 법의 집행자로서도 가진다. 이 집단은 그 일반적인 의지에 의해서 국가를 황폐하게 할 수 있을 뿐 아니라, 재판권까지 가지므로 각 개인을 그 집단의 특수한 의지에 의해서 파멸시킬 수도 있다.

그곳에서는 모든 권력이 하나다. 전제 군주의 존재를 알아차릴 수 있는 표면적인 화려함은 전혀 없지만 사람들은 항상 그 존재를 느낀다.

그러므로 전제적인 존재가 되고자 하는 군주는 늘 자기 한 몸에 모든 관직을 모으는 일부터 시작했다. 그래서 유럽의 몇몇 국왕은 나라의 모든 큰 관직을 자신에게 한데 모았다.

나는 분명히 이탈리아의 여러 공화국의 순수한 세습적 귀족 정체는 아시아의 전제 정체와 완전히 일치하는 것은 아니라고 생각한다. 행정관의 수가 많다는 것은 때로는 행정관직을 제한적으로 만든다. 모든 귀족이 항상 같은 의견을 가진다고는 할 수 없다. 여러 심의기구가 만들어지고 그것들은 서로를 견제한다. 이를테면 베네치아에서는 '대평의회'가 입법권을 가지고, '6인회'가 집행권을, '40인 법정'이 재판권을 가진다. 그런데 나쁜 것은 이 상이한 기구들이 같은 집단에 속하는 행정관에 의해 구성되어 있다는 것이다. 그 결과는 단일한 권력과 다름없다.

재판권은 상설적인 원로원에 부여되어서는 안 된다. 그것은 시민 가운데 선출된 사람들[104]이 연중 어느 일정한 시기에 법이 정하는 방식에 따라 필요한 기간만 존속하는 법정을 만들어서 행사해야 한다.

이렇게 하면 사람들이 대단히 무서워하는 재판권은 특정한 신분이나 특정한 직업에 속하지 않게 되므로 눈에 보이지 않고 실재하지 않게 된다. 재판관이 항상 사람들의 눈앞에 있는 것은 아니다. 사람들은 재판관직을 무서워하지만 재판관은 무서워하지 않는다.

또한 중대한 고발에 있어서 범죄인은 법과 협력해서 스스로 재판관을 선임해야 한다. 또는 적어도 많은 수의 재판관을 피할 수 있게 함으로써, 남은 사람을 그가 선택한 것으로 간주해야 한다.

입법권과 집행권은 한쪽이 국가의 일반 의지이고 다른 쪽이 그 일반 의지의 집행에 지나지 않아 특정 개인에 대해서는 행사될 수 없기 때문에, 오히려 항구적인 기구 또는 행정관에 주어도 괜찮을 것이다.[105]

재판소가 고정적이어서는 안 되지만 판결은 명백히 정해져 있는 법률 조문에 불과할 정도로 일정해야 한다. 만약 판결이 한 재판관의 개인적 견해라면 사람들은 책임져야 할 의무가 무엇인지도 모르는 채 사회생활을 하는 것이나 다름없다.

그리고 재판관은 피고와 사회적·신분적으로 동등한 사람이어야 하는데, 이는 피고가 자기를 억압할 것 같은 사람들의 수중에 떨어진 것이 아닌가 하고 생각하는 일이 없도록 하기 위해서다.

만약 입법권이 자신의 행동에 대해 보증인을 세울 수 있는 시민을 투옥할 권리를 집행권에 부여한다면 자유는 더 이상 존재하지 않는다고 할 수 있다. 다만 그들이 법에 의해 극형에 처해질 수 있는 고발에 대해 즉각 답변하기 위해 체포되었을 경우는 다르다. 후자의 경우에는 법의 힘에 복종한 것에 불과하므로 그들은 사실상 자유인 것이다.

그러나 만약 국가에 대한 음모 또는 외적과의 내통에 의해 입법권이 위협에 놓여 있다고 생각될 때, 입법권은 한정된 짧은 기간 동안 의심스러운 시민을 체포하는 일을 집행권에 허가할 수 있을 것이다. 체포된 시민은 일시적으로 자유를 잃지만 그것은 영구히 자신의 자유를 유지하기 위해서다. 그리고 이것이 '에포로스ephoros'[106] 같은 전제적인 관직이나 그에 못지않게 전제적인 베네치아의 '국가 감찰관'을 대신하는 유일하게 합리적인 방법이다.

자유로운 국가에서는 자유로운 영혼을 가지고 있다고 인정되는 모든 사람이 스스로의 통치를 받기 때문에 집단으로서의 인민은 마땅히 입법권을 가져야 한다. 그러나 규모가 큰 나라에서는 그것이 불가능하고 작은 나라에서는 많은 불편이 따르므로 인민은 자신이 할 수 없는 모든 일을 대표자를 통해 하게 할 필요가 있다.[107]

사람은 자신이 속한 도시가 필요로 하는 것을 다른 도시가 필요로 하는 것보다 훨씬 더 잘 알고 있다. 또 이웃을 다른 동포보다 더 잘 판단할 수 있다. 그러므로 입법부의 구성원은 인민 전체에서 선출해서는 안 된다. 차라리 주요 지역에서 주민이 한 사람의 대표를 선출하는 것이 바람직하다.

대표자의 커다란 장점은 그들이 나랏일을 토의할 능력을 가지고 있다는 점이다. 인민은 그런 일에 전혀 적합하지 않다. 바로 이러한 점이 민주 정체의 커다란 단점 중 하나다.

대표자는 그들을 선출한 사람들에게 일반적인 지시를 받으나 독일의 의회에서 행해지는 것처럼 각 사안마다 개별 지시를 받을 필요는 없다. 그렇게 하면 의원의 발언은 인민의 소리를 보다 잘 표현하기는 할 것이다. 그러나 그것은 끝없는 장광설로 빠지게 하고, 각 의원으로 하여금 다른 모든 의원의 지배자가 되게 하며, 또 가장 위급한 때에 인민의 모든 힘이 단지 한 사람의 전횡에 의해 저해당할 수 있게 될 것이다.

시드니Algernon Sidney[108]의 말처럼 네덜란드와 같이 의원이 인민 전체를 대표할 경우에는 위임한 사람들에게 보고를 해야 하지만 영국같이 선거구에 의해서 선출될 경우 사정은 전혀 다르다.

모든 시민은 각자 저마다의 지구에서 대표를 선출하는 투표권을 가져야 한다. 그러나 자신의 의지 따위는 전혀 가지고 있지 않다고 여겨질 만큼 낮은 지위에 있는 사람은 제외되어야 한다.

대부분의 고대 공화국에는 하나의 큰 결점이 있었다. 그것은 인민이 어떤 집행을 요구하는 능동적인 결정을 할 권리를 가지고 있었다는 점이다. 그런데 이것은 인민이 전혀 할 수 없는 일이다. 인민은 대표자를 선출하기 위해서만 정치에 참여해야 하며, 대표자를 선출하는 것은 분명히 인민의 능력 범위 안에 있는 것이다. 왜냐하면 사람의 능력 정도를 정확하게 아는 사람은 거의 없다 할지라도 누구나 일반적으로 자기가 선택하는 사람이 다른 사람보다 식견이 있는지 없는지 알 수 있기 때문이다.

대표자 단체 또한 어떤 능동적인 결정을 하기 위해 선출되어서는 안 된다. 그것은 대표자 단체가 잘할 수 있는 일이 아니다. 대표자 단체는 법을 제정하거나 혹은 제정된 법이 제대로 집행되고 있는지를 살피기 위해 선출되어야 한다. 이러한 일은 이들이 아주 잘할 수 있고, 또 아주 잘할 수 있는 사람은 이들뿐이다.

국가에는 항상 출신과 재산 또는 명예에 의해 뛰어난 사람들이 있는데, 만약 그들이 일반 인민 속으로 흡수되거나 다른 사람과 마찬가지로 한 표밖에 갖지 않는다면 보편적 자유는 그들에게 예속으로 작용할 것이고, 그들은 보편적 자유를 옹호하는 것에 대해 아무런 관심도 갖지 않게 될 것이다. 왜냐하면 결정은 대부분 그들의 이익에 위배될 것이기 때문이다. 따라서 그들이 입법에 참여하는 몫은 그들이 국가 내에서 가지고 있는 다른 유리한 지위에 비례해야 한다. 그것은 그들이 인민이 행하고자 하는 바를 저지할 권한을 갖는 단체를 구성함으로써 실현될 것이다. 이 경우 인민도 그들이 행하고자 하는 바를 저지할 권리를 갖는다.

이와 같이 입법권은 귀족으로 구성된 기관과 인민을 대표하기 위해 선출된 기관에 부여된다. 그리고 이 두 기관은 각기 따로 회의를 열고 각기 따로 의결을 하게 되며 서로 다른 견해와 이해관계를 갖게 된다.

우리가 앞서 말한 세 가지 권력 중 재판을 행하는 권력(사법권)은 이를테면 없음nulle이나 다름없다.[109] 따라서 두 가지 권력밖에 남지 않는다. 이 권력들은 그것을 조율할 조정 권력을 필요로 하는데, 입법부의 귀족으로 구성된 기관이 이 목적을 달성하는 데 매우 적합하다.

입법부 중 귀족원〔상원〕은 세습되어야 한다. 그것은 무엇보다도 본질상 세습적이다. 그리고 귀족원이 자신의 특권을 보존하는 데 특별한 관심을 갖는 이유는 이 특권이 그 자체만으로도 인민의 비난을 받을 뿐 아니라 자유로운 국가에서는 위태로울 수 있기 때문이다.

그러나 세습 권력이 특정한 이익을 추구하고 인민의 이익을 잊을 수 있기 때문에, 세금 징수에 관한 법률의 경우처럼 세습 권력을 부패하게 함으로써 몇몇 사람에게 큰 이익이 되는 사안에 대해서라면 귀족원은 무엇을 제정하기 위해서가 아니라 오직 무엇을 저지하기 위해서라도 입법에 참여해야 한다.[110]

'제정하는 권한faculté de statuer'이라고 부르는 것은 스스로 명령하거나 타인이 명령한 것을 수정하는 권한을 말한다. '저지하는 권한faculté d'empêcher'이라고 하는 것은 타인이 행한 결정을 무효로 하는 권한을 말한다. 후자는 로마의 호민관tribun[111]이 가졌던 권력이다. 그리고 저지하는 능력을 가진 자는 동의할 권리를 가질 수 있으나, 이 경우 동의란 저지의 능력을 행사하지 않는다는 뜻의 표명에 지나지 않으므로 저지의 능력에서 파생된 것이라 할 수 있다.

집행권은 군주 한 사람의 손안에 있어야 한다. 왜냐하면 집행권은 대개 늘 즉각적인 행동을 필요로 하므로 여러 사람보다는 한 사람에 의해 더 잘 행사되기 때문이다. 이와 반대로 입법권은 한 사람보다 여러 사람에 의해 보다 더 잘 행사된다.

만약 군주가 존재하지 않고 집행권이 입법부에서 선임된 몇 사람에게 맡겨진다면 자유는 더 이상 존재하지 않을 것이다. 두 가지 권력이 결합되어 동일한 인간이 언제든지 이쪽과 저쪽의 권력에 참여할 가능성이 있기 때문이다.

입법부가 장기간에 걸쳐 회의를 열지 않고 있다는 것은 이미 자유가 존재하지 않음을 의미한다. 다음 두 가지 사태 중 어느 한 가지가 발생하기 때문이다. 즉, 입법상의 결정이 이루어지지 않은 채 국가가 무정부 상태에 빠졌든가, 아니면 입법상의 결정이 집행권에 의해 이루어져 집행권이 절대화될 것이다.

입법부가 항상 모여 있을 필요는 없다.[112] 그것은 대표자에게 불편할 뿐 아니라 집행권을 너무 번거롭게 만들어서 집행자가 집행은 전혀 생각하지 않고 자기의 특권과 집행할 권리의 행사만을 생각하게 될 것이기 때문이다.

게다가 입법부가 항상 집합해 있으면 의원이 사망하지 않는 한 새로운 의원을 보충하지 않는 사태가 일어나게 될 것이다. 그리고 이 경우, 입법부가 일단 부패하면 치료할 방법이 없다. 서로 다른 입법부가 연달아 뒤를 이을 경우, 현재의 입법부에 불만을 가지는 인민은 당연히 다음에 오는 입법부에 희망을 가진다. 그러나 항상 같은 입법부일 경우, 인민은 한번 그것이 부패했음을 알게 되면 그가 제정한 법에 대해서는 아무것도 기대하지 않을 것이다. 인민은 분노하거나 무관심에 빠질 것이다.

입법부는 결코 (특정한 목적을 위해) 스스로 집합해서는 안 된다. 왜냐하면 집합했을 때밖에 의지를 갖지 않는 단체로 간주되기 때문이다. 그리고 만장일치로 집합한 것이 아니라면 집합한 부분과 집합하지 않은 부분 가운데 어느 쪽이 진정한 입법부인지를 분간할 수 없게 된다. 또한 입법부가 스스로 회기를 연장할 권리를 갖는다면 입법부는 결코 회기를 연장하지 않을 가능성도 있다. 이것은 입법부가 집행권을 침해하려 할 경우에는 위험한 일이다. 한편 입법부의 집회는 집회하기 좋을 때가 있고 그렇지 않은 때가 있다. 따라서 상황에 따라 회의의 시기와 기간을 정하는 것은 집행권이어야 한다.

만일 집행권이 입법부의 의도를 저지(견제)할 수 있는 권한을 갖지 않는다면 입법부는 전제적이게 될 것이다. 왜냐하면 입법부는 상상할 수 있는 모든 권력을 자기 수중에 넣을 수 있으므로 다른 모든 권력을 없애버리기 때문이다.

그러나 반대로 입법권이 집행권을 저지할 수 있는 권한을 가져서는 안 된다. 왜냐하면 본질상 한계를 가지고 있는 집행권을 제한한다는 것은 의미가 없기 때문이다. 게다가 집행권은 항상 일시적인 사건에 행사된다. 로마 호민관의 권력은 입법뿐 아니라 집행까지도 저지했기 때문에 커다란 폐단을 초래했다.

자유로운 국가에서 입법권이 집행권을 저지하는 권한을 가져서는 안 되지만 입법부가 제정한 법이 어떻게 집행되고 있는지를 심의할 권리는 가지고 있으며, 또한 가져야 한다. 그리고 이 점이 이 정체가 크레타나 스파르타의 정체보다 뛰어난 점이다. '코스모스kosmos'[113]나 '에포로스'는 행정에 관하여 보고하지 않았다.

그러나 어떤 심의에서든 입법부는 집행자 개인뿐 아니라 그의 행위를 재판하는 권력을 가져서는 안 된다. 국가는 입법부가 전제화되지 않게 하기 위해 집행부를 필요로 하는 것이므로 집행자 개인도 신성해야 한다. 집행자가 고발되거나 재판받는 순간부터 이미 자유는 존재하지 않게 된다.

이런 경우에 국가는 군주 정체가 아니라 자유롭지 않은 공화 정체가 될 것이다. 그러나 집행자는, 법의 혜택을 받으면서도 법을 미워하는 대신(大臣), 즉 고문관들만 없다면 법을 잘못 집행하는 일이 있을 수 없다. 따라서 집행자는 이 고문관들을 추방하고 처벌할 수 있다. 그리고 이것이 이 정체가 크니도스[114]의 정체보다 우수한 점이다. 크니도스에서는 법의 시행이 끝난 후에 '아뮈모네스amymones'[115]를 심판하는 것을 허용하지 않았으므로[116] 인민은 자신이 입은 부당 행위에 대해 해명을 들을 기회가 전혀 없었다.

일반적으로 재판권은 입법권의 어떤 부분과도 결합되어서는 안 되지만 재판받아야 할 사람의 특수한 이해관계에 입각한 다음 세 가지 예외에는 결합되어야 한다.

지위가 높은 사람들은 항상 선망의 대상이 된다. 만약 그들이 인민에 의해 재판을 받는다면 그들은 위험에 빠지게 될 것이며, 자유로운 국가에서 가장 미천한 시민들마저 가지는 특권, 즉 사회적·신분적으로 동등한 사람에 의해 재판받는 특권마저 누리지 못하게 될 것이다. 따라서 귀족은 인민들의 보통 법정이 아니라 입법부의 귀족에 의해 구성된 법정에 소환되어야 한다.

법은 통찰력을 갖추고 있지만 동시에 맹목적이기도 하다. 어떤 때는 지나치게 가혹할 수도 있다. 그러나 인민의 재판관은 앞에서 말한 것처럼 법의 문구를 선언하는 입에 불과하다. 법은 힘이나 엄격함을 조절할 수 없는 무생물이다. 따라서 앞서 말한 경우에 필요한 법정이 이 경우에도 필요하게 된다. 법보다 덜 엄격하게 선고함으로써 법 그 자체를 위해서 법을 완화시키는 것이 입법부의 법정이 갖는 가장 중요한 권위다.

그리고 어떤 시민이 공적인 일을 집행하면서 인민의 권리를 침해하고, 또한 임명된 행정관이 처벌할 수 없거나 처벌하기를 원하지 않는 죄를 저지를 수도 있다. 그러나 일반적으로 입법권은 재판할 수 없다. 입법권은 죄를 저지른 인민을 대표하기 때문이다. 따라서 입법권은 고발자밖에 될 수 없다. 그러나 누구에게 고발한단 말인가? 자기보다 아래에 있는 일반 재판소에 허리를 굽혀 고발한단 말인가? 일반 재판소를 구성하는 사람은 인민이다. 그들은 지체 높은 고발자의 권위에 끌려가게 될 것이다. 그런 일이 있어서는 안 된다. 인민의 존엄과 개인의 안전을 유지하기 위해서는 입법부의 인민 부분이 입법부의 귀족 부분에 대하여 고발할 수 있어야 한다. 후자는 전자와 같은 이해관계를 가지고 있지 않으며 같은 정념도 가지고 있지 않다.

이것이 이 정체가 대부분의 고대 공화국에 대해 가지는 장점이다. 고대의 공화국에서는 시민이 재판관인 동시에 고발자이기도 했던 폐단이 있었다.

앞에서 말한 것처럼 집행권은 '저지하는 권한'을 가지고 입법에 참여해야 한다. 그렇지 않으면 얼마 못 가 그 특권을 빼앗기고 말 것이다. 그러나 만약 입법권이 집행에 참여한다면 집행권 역시 파멸할 것이다.

만약 군주가 '제정하는 권한'을 가지고 입법에 참여한다면 자유는 더 이상 존재하지 않는다. 그러나 군주는 자신을 지키기 위해 입법에 참여해야 하므로 '저지하는 권한'만을 가져야 한다.

로마에서 정체가 변질된 원인은 집행권의 일부를 가졌던 원로원과 나머지를 가졌던 집정관이 시민과 같이 저지의 능력을 가지지 않았기 때문이다.

따라서 우리가 말하는 정체의 기본 구조는 다음과 같다. 입법부는 두 부분으로 구성되며, 상호 견제할 수 있는 권한으로 서로 연결된다. 이 두 부분은 모두 집행권에 의해 연결되며, 집행권은 입법권에 의해 연결된다.

이 세 권력은 정지 혹은 부동의 상태를 형성해야 한다. 그러나 세 권력은 사물의 필연적 운행에 의하여 운영되기 때문에 서로 조화롭게 운영될 수밖에 없을 것이다.

자신의 견제 권한에 의해서만 입법권의 일부를 이루는 집행권은 사안의 토의에 참여할 수 없을 것이다. 언제나 토의 내용을 부결할 수 있고 원치 않았던 제출 법안의 결정을 거부할 수 있기 때문에, 집행권은 입법권에 대해 어떤 제안을 할 필요도 없다.

고대의 몇몇 공화국에서는 시민 전체가 나랏일을 토의했는데 그럴 경우에는 집행권이 안건을 제안하여 시민과 더불어 토의하는 것이 자연스러웠다. 그렇지 않으면 의결에 생각지도 못한 혼란이 일어났을 것이다.

만약 집행권이 시민의 동의 이외의 방법으로 조세 징수에 관한 결정을 내린다면 자유는 더 이상 존재하지 않을 것이다. 왜냐하면 집행권이 입법부의 가장 중요한 권한을 가로챈

셈이 되기 때문이다.

만약 입법권이 1년마다가 아니라 항구적으로 조세 징수에 관한 결정을 내린다면 스스로의 자유를 잃을 위험이 있다. 왜냐하면 집행권은 더 이상 입법권에 종속되지 않을 것이기 때문이다. 그리고 이와 같은 권리를 항구적으로 보유할 경우, 그 권리를 자신에게서 얻느냐 혹은 타인에게서 얻느냐 하는 것은 사소한 문제다. 집행권에 맡겨야 할 육군과 해군의 힘에 관해서 입법권이 1년마다가 아니라 항구적으로 결정을 내린다면 그 경우도 앞의 경우와 같다.

집행자가 인민을 억압하지 못하게 하기 위해서는 그에게 맡겨진 군대가, 마리우스Gaius Marius[117]의 시대까지 로마가 그랬던 것처럼, 인민으로 구성되어야 하며, 인민과 같은 정신을 가져야 한다. 그러기 위해서는 두 가지 방법밖에 없다. 첫째는 군대에 고용되는 자가 다른 시민에 대해 자신의 행동을 책임질 만한 재산을 가지거나 로마에서처럼 1년 동안만 현역에 복무하게 하는 것이다. 둘째는 가장 천한 계층의 인민으로 구성된 상비군을 가질 경우인데, 이 경우 입법권은 원하는 때 상비군을 해체할 수 있어야 하고 병사는 시민과 더불어 생활해야 하므로 격리된 주둔지나 병영, 요새가 있어서는 안 된다.

군대는 일단 창설되면 즉시 입법부가 아니라 집행권에 종속되어야 한다. 이것은 필연적으로 군대의 일이 심의보다는 행동으로 이루어지기 때문이다.

인간의 사고방식에는 소심함보다는 용기를, 신중함보다는 행동을, 충고보다는 힘을 중시하는 경향이 있다. 군대는 항상 원로원을 경멸하고 자기의 상관을 존중할 것이다. 군대는 겁쟁이 또는 자기들에게 명령할 자격이 없다고 간주되는 사람들로 구성된 집단에서 내려진 명령 따위는 결코 존중하지 않을 것이다. 따라서 군대가 전적으로 입법부에 종속된다면 정체는 곧 군국화될 것이다. 만약 그렇지 않은 경우가 생긴다면 그것은 다음과 같은 특이한 상황의 결과다. 군대가 항상 격리되어 있거나, 군대가 각각 특별한 지역에 속해 있는 몇 개의 부대로 구성되어 있거나, 또는 주요 도시가 좋은 위치에 있어서 그 입지 조건만으로 자기 방어를 하므로 부대가 전혀 없기 때문이다.

네덜란드는 베네치아보다 더 안전하다. 네덜란드는 반란군을 물속에 빠뜨리거나 굶어 죽게 할 수 있다. 반란군이 주둔한 도시는 그들에게 식량을 일시적으로만 공급할 수 있을 뿐이다.

군대가 입법부에 의해 지배될 경우에는 특수한 상황이 정체가 군국화되는 것을 막는다 해도 사람들은 다른 불편에 부닥치게 될 것이다. 결국 군대가 정부를 망치든가 정부가 군대를 약화시키든가 둘 중 하나밖에 있을 수 없다.

그리고 이러한 약화는 분명 치명적인 원인에서 유래하는

데 그것은 다름 아닌 정체의 약화다.

타키투스Publius Cornelius Tacitus의 놀라운 저작 《게르만족의 기원과 환경*De origine et situ Germanorum*》[118]을 읽어보면 영국인이 자신들의 정치체제에 관한 생각을 게르만족에게서 얻었음을 알 수 있다.[119] 이 훌륭한 체제는 숲속에서 창안된 것이었다.

모든 인간사(人間事)에 종말이 있는 것처럼 우리가 말하는 국가도 언젠가는 자유를 잃을 것이고 멸망할 것이다. 로마도 스파르타도 카르타고도 그러하지 않았던가. 입법권이 집행권 이상으로 부패할 때, 그것은 멸망할 것이다.

영국인이 현재 이 자유를 누리고 있는가, 그렇지 않은가의 여부를 검토하는 것은 나의 역할이 아니다. 나로서는 자유가 그들의 법에 의해 확립되어 있음을 지적하는 것으로 충분하다.[120]

나는 결코 이런 것을 가지고 다른 정체를 비방하거나 이 극단적인 정치적 자유가 절제된modéré 자유밖에 갖지 못한 사람들을 모욕하려는 게 아니다. 이성이 과도한 것이 늘 좋은 것은 아니며, 인간은 거의 늘 극단보다 중도milieu에 보다 잘 순응한다고 믿는 내가 어떻게 그런 말을 하겠는가?

해링턴James Harrington[121] 또한 《오세아나*Oceana*》에서 한 국가의 체제〔제도〕가 도달할 수 있는 자유의 최고도가 어떤 것인가를 검토했다. 그러나 이것은 자유를 제대로 인식하지 못한 채 그것을 탐구한 데 지나지 않으며, 비잔티움의 언덕을 눈앞에 보고서도 칼케돈을 세웠다고 할 수 있을 것이다.[122]

해제

자유의 쟁취, 끊임없이 늘 다시 시작해야 하는 전쟁

1. 정치체제의 원리를 발견한 몽테스키외

몽테스키외는 1689년 1월 18일 프랑스 보르도 근처의 라 브레드 성에서 태어났다. 보르도 대학에서 법률을 공부한 후, 1709년 법률학의 실제 경험을 쌓기 위해 파리로 진출, 그곳에서 당시의 진보적인 사상가들과 교류하면서 자신의 정치철학을 형성했다. 1716년 후손 없이 죽은 작은아버지에게서 재산과 고등법원장 지위를 상속받고 보르도 한림원 회원으로 선출되었다. 1721년에는 암스테르담의 자크 데보르드 서점에서 익명으로《페르시아인의 편지*Lettres persanes*》를 출판했다. 이 작품은 두 명의 페르시아인 주인공을 통해 절대 왕정하의 프랑스 사회·정치·문화를 풍자적으로 비판한 서간체 소설이다. 이 책으로 몽테스키외는 파리 사교계에서 유명 인사가 되었다.

1728년에 프랑스 한림원 회원으로 선출된 그는 그해 4월부터 약 3년간 오스트리아, 독일, 이탈리아, 헝가리, 영국 등 유럽 각국을 여행하며 다양한 제도와 문화를 체험했다. 1731년 장기 여행과 파리 체류로 재산을 거의 탕진한 그는 여행하면서 기록한 일기와 메모를 가지고 보르도로 귀향했다. 이후 그의 필생의 작품이 될《법의 정신》저술에 착수했다. 1734년에 그 일부라 할 수 있는《로마인의 위대함과 그 쇠락의 원인에 관한 고찰*Considérations sur les causes de la grandeur des Romains et de leur décadence*》을 발표했다. 이 책은 '역사를 지배하는 것은 운명이 아니'라고 주장한 점에서는 역사학의, 그리고 로마의 정치를 분석한 점에서는 정치학의 선구적인 저작으로 꼽힌다. 신에 의한 운명적 역사관에 사로잡혀 있던 당시로서는 혁명적인 발언이었다.

1748년 겨울, 20여 년 동안 준비해온《법의 정신》이 출간되었다. 당시 프랑스는 사상 통제가 매우 심했기 때문에 스위스 제네바에서 익명으로 출판되었다. 이 책은 2년 동안 22쇄를 찍을 정도로 폭발적인 반응을 불러일으켰다. 스코틀랜드의 철학자 데이비드 흄David Hume은 이 저작은 모든 시대에 걸쳐 칭송받을 책이라고 했다. 이탈리아인 친구는 이 책을 읽으면서 감동의 황홀경에 빠졌다고 말했으며, 스위스의 과학자 샤를 보네Charles Bonnet는 뉴턴이 물리세계의 법칙을 발견했듯 몽테스키외는 정신세계의 법칙을 발견했다고 평가했다.

계몽주의 철학자들은《법의 정신》을 계몽시대 역사철학의 기초를 쌓은 중요한 업적으로 받아들였다. 그러나 이 책은 논쟁을 불러일으켰고 이 책을 반박하는 다양한 논문과 소책자가 나왔다. 모든 국가에 적합한 정치나 법이란 존재하지 않으며, 특히 법에 대한 연구는 구체적인 현실 상황에서 출발해야 한다는 몽테스키외의 주장이 집중적으로 공격을 받았다. 얀센파와 예수회 등은 법이 '사물의 성질에서 생기는 필연적인 관계'라고 한 점을 맹렬히 공격했다. 이러한 주장은 모든 것은 반드시 원인이 있고, 우주 전체의 원인은 우주 밖이 아니라 우주에 내재한다고 주장한 스피노자처럼 숙명론적이라는 것이다. 또 그들은 그가 그리스도교를 여러 민족의 종교와 동격에 두고 다루었다는 데 분노를 금치 못했다. 이후 1750년 몽테스키외는 강렬하면서도 날카롭게 자신의 입장을 옹호한《법의 정신에 관한 변론*Défense de l'Esprit des lois*》을 출간한다. 그러나 1751년 로마 가톨릭 교회는 얀센파와 예수회 등의 반박을 받아들여 이 책을 금서로 지정했다. 과로 때문에 거의 실명 상태였던 몽테스키외는 1755년 66세를 일기로 파리에서 세상을 떠났다.

2. 《법의 정신》은 어떻게 구성되었는가

이 책의 내용은 대단히 광범위하며 법에 관한 거의 모든 것을 다루고 있다 해도 과언이 아니다. 내용의 광범위함 때문에 구성에 대해서도 많은 이론이 있지만 대체로 여섯 부분으로 나누어 파악할 수 있다. 법 일반에 대해 서술하고 공화 정체, 군주 정체, 전제 정체의 세 가지 정치체제와 법의 관계를 논한 제1부(제1편~제8편), 정치적 자유와 국가와 시민의 안전을 다룬 제2부(제9편~제13편), 법과 기후, 토질 그리고 국가의 일반 정신의 관계를 논한 제3부(제14편~제19편), 법과 상업, 화폐, 인구에 관해 다룬 제4부(제20편~제23편), 법과 종교에 관해 다룬 제5부(제24편~제26편) 그리고 로마인의 상속법과 프랑크족의 봉건법 등을 역사적으로 연구한 제6부(제27편~제31편)다. 여기서는 법 일반의 문제와 정체의 성질, 원리 그리고 권력 분립 이론을 중심으로 이 책의 체계를 살펴보고자 한다.

몽테스키외는《법의 정신에 관한 변론》에서 방대하고 복잡한《법의 정신》에 대해 다음과 같이 소개하고 있다. "이 책이 다루고 있는 것은 지구상에 존재하는 모든 민족의 다양한 관습과 풍습 그리고 법이다. 이 책의 주제가 방대할 수밖에 없는 까닭은 우선 이 주제 자체가 인간들이 지금까지 받아들인 모든 제도를 포괄하고 있기 때문이다. 또한 이러한 여러 제도들을 구분하고 있으며, 사회 일반 및 각각의 사회에 적합한 제도를 검토하고 있기 때문이다. 그리고 그 속에서 제도의 기원을 찾아내고, 물질적이고 정신적인 원인을 발견하며, 양호한 제도들과 어떤 장점도 지니지 못한 제도들을 검토하기 때문이다. 이처럼 파괴적인 제도에서 더 위험한 제도나 정도가 덜한 제도를 찾으려 하기 때문에, 그리고 어떤 측면에서는 좋은 효과를 거둘 수도 있는 제도들과 또 다른 면에서는 나쁜 효과를 가져올 수 있는 제도들을 조목조목 따져 물을 것이기 때문에, 사람들은 이러한 주제가 방대하다고 말할지도 모르겠다."[123] 대다수의 사람들은 이 글을 읽으면서 자신이 이미 길을 잃었음을 느낀다. 그러니 이 책 자체가 가지고 있는 미로에 관해 더 말해 무엇 하겠는가. 바로 이런 이유 때문에 여기서는 표를 제시하여 논의를 시작하려 한다. 비록 이런 식의 표현이《법의 정신》을 이해하는 데 장애가 된다고 하더라도 말이다. 이 책의 개요를 정리해보면 다음과 같다.

제목에서 암시하고 있듯이 이 책이 대상으로 삼은 것은 바로 〈표 1〉의 중앙을 차지하고 있는 '법의 정신'이다. 이것은 크게 자연법과, 각 나라에 고유한 실정법에 의해 보다 구체적으로 나타난다. 자연법은 추상적이고 실정법은 구체적이지만 이 두 요소는 책 전체에 걸쳐서 드러나 있다. 이 책의 서론 부분인 제1편과 결론 부분인 제26편과 제29편은 특별히

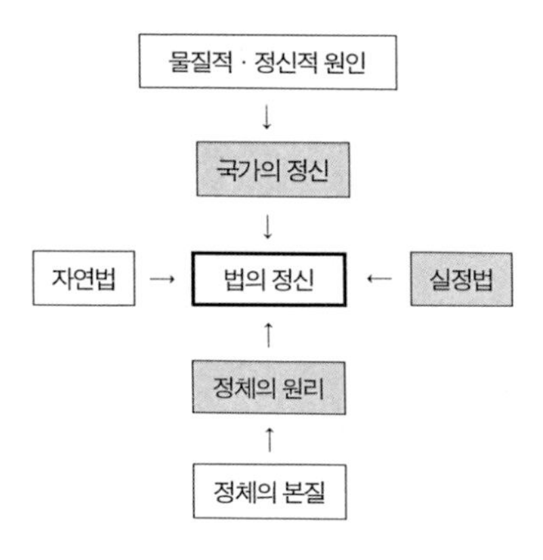

〈표 1〉《법의 정신》 개요

이 두 가지 요소를 다루고 있다(어떤 이유인지는 모르겠지만 제26편과 제29편은 이 책의 맨 마지막 부분에 있지 않다).

한편 실정법을 결정짓는 법의 정신은 세 가지 힘에 의해 결정된다. 우선 첫 번째 힘은 주로 서론과 결론에서 언급되는 자연법이다. 그다음은 정체의 본질과 원리다.《법의 정신》의 제2편부터 제13편까지는 정체의 다양한 형태와 본질 또는 원리에 의존하는 다양한 법에 대한 이론을 담고 있다. 마지막은 국가의 정신을 비롯한 각 나라의 고유한 조건이다.《법의 정신》의 나머지 부분, 즉 제14편에서 제31편까지는 주로 이 마지막 주제를 다루고 있다. 이 부분에는 법을 형성하는 요인으로서 물질적인 요인인 기후(제14편~제17편), 토양(제18편), 상업(제20편~제21편), 화폐(제22편), 인구(제23편), 그리고 정신적인 요인인 풍습(제19편), 종교(제24편~제25편), 역사에 관한 것으로 로마 상속법(제27편), 봉건법의 기원(제28편, 제30편~제31편)에 대한 설명이 들어 있다. 결론 부분인 제26편과 제29편은 법의 정신과 실정법에 초점을 맞추고 있다. 〈표 1〉에서 보이는 화살표는 인과관계를 나타낸다.

〈표 1〉에 소개되어 있는 가운데 세 요소(실정법, 국가의 정신, 정체의 원리)는 보다 심리적인 요소들과 관련되어 있다. 법의 범주에서 실정법은 법의 정신과, 국가의 범주에서 국가의 정신은 물질적이고 정신적인 원인과, 정체의 범주에서 정체의 원리는 정체의 본질과 연결되어 있다. 외부적 요소(정체의 본질, 물질적·정신적 원인)는 〈표 1〉의 중앙을 차지하고 있는 세 요소를 통해야만 법의 정신에 접근할 수 있다. 이 세 요소는 지속적으로 상호 작용한다. 지금부터 법의 정신을 결정짓는 요소들에 대해 자세히 살펴보자.

3. 자연법과 사회의 성립

이 책에서 자연법은 법의 정신을 결정짓는 나머지 두 요소보다 극히 적은 부분을 차지한다. 하지만 설명이 양적으로 빈약하다고 해서 자연법이 부차적인 역할을 한다고 여긴다면

이는 오해다. 또한 몽테스키외가 결국 떨쳐버리지 못했을 과거 유산들의 흔적이나 자취와 연관되어 있다고 믿는 것 또한 오해를 유발할 수 있다. 이와 반대로 자연법은 몽테스키외의 이론을 이루는 주요 요소이며, 더욱이 《법의 정신에 관한 변론》에서 그는 다음과 같이 자신의 출발점을 묘사하고 있다. "나는 인간이 만들어낸 법체계의 모든 효능과 결함을 옹호하고, 스피노자와 마찬가지로 본래 전쟁의 상태로 태어난 인간에게 첫 번째 자연법은 모두를 적으로 삼는 전쟁임을 증명함으로써 모든 종교와 모든 윤리를 전복하는 끔찍한 체계인 홉스의 체계를 공격하려 했다."[124] 몽테스키외는 홉스와 몇 가지 분석에서는 생각을 같이했지만, 실정법이 유일한 법이라고 주장하는 홉스의 생각에는 반대했다. 홉스를 반박하면서 몽테스키외가 찾고자 한 것은 윤리의 보편적 기반이다.

여기서 《법의 정신》 제1편의 두 대목은 특히 중요하다. 우선 '자연법'이라는 표제가 붙어 있는 제2장에서 몽테스키외는 '사회 수립 이전'의 인간을 특징짓는 다섯 요소에 관해 언급하고 있다. 이 다섯 요소는 다음과 같이 다시 세 그룹으로 나뉜다.

① 모든 인간은 종교적 본능, 즉 '창조자의 개념'을 갖고 있다. 마치 이 문제를 빨리 털어버리려는 듯 몽테스키외는 이 주장을 맨 처음에 놓았다. 그리고 이 책의 저서 다른 어디에서도 이것에 대해 언급하지 않았다. 이미 어떤 의무를 완수

했기 때문에 더 이상의 설명이 필요 없다는 듯이 말이다. 보다 더 일반적으로 말하자면 '신의 법'은 몽테스키외에 의해 자연법의 범주 밖에 놓인 것이다.

② 모든 인간은 스스로를 보존하려는 생물적 본능을 갖고 있다. 사람들은 자신을 위협하는 위험으로부터 스스로를 보호하고자 하고 몸에 필요한 영양분을 취하고자 한다. 몽테스키외는 다음과 같이 여러 차례에 걸쳐 인간의 이러한 특성을 드러낸 바 있다. 인간이 자신의 '본능적인 방어'를 포기하도록 강경하게 요구해서는 안 된다(제6편 제13장; 제10편 제2장; 제26편 제3장). "모든 인간이 종족 본능을 추구하도록 만든 것은 자연법이다"(제10편 제3장). 이 법은 간혹 자신의 친족을 보호하는 데까지 확대된다(제26편 제4장).

③ 마지막으로 모든 인간은 사회적 본능을 갖고 있다. '사회 수립' 이전의 인간이 지니는 일련의 특징 중에서 사회적 본능이 출현한 것은 약간 모순적이다. 하지만 몽테스키외는 반사회적인 인간을 상상할 수 없었다. 사회가 아직 생겨나지 않았더라도 사회적 본능은 이미 존재한다는 것이다.

《페르시아인의 편지》는 사회가 생겨나게 된 기원에 관한 연구를 다음과 같이 '어리석은' 짓으로 규정하고 있다. "만약 사람들이 사회를 이루지 않고 서로를 회피하고 멀리한다면 그 이유가 뭔지 묻고 왜 따로 떨어져 사는지 그 내막을 캐봐야 한다. 하지만 사람이면 누구나 태어남과 동시에 서로가 서로에게 밀접하게 연관돼 있다. 아들은 아버지 곁에서 태어나기 마련이고 아버지에게 연관되어 있다. 그렇기 때문에 사회가 생겨났고, 이것이 바로 사회의 원인이다."[125] 그리고 트로글로다이트인들[126]의 우화는 사회를 벗어나 살고자 했던 사람들이 어떤 재난을 겪고 위협에 처했는가를 명백히 보여주었다. 《법의 정신》에서 몽테스키외는 이러한 본능에 이중의 형태를 부여한다. 그것은 일차적으로는 '사회를 이루고 살고자 하는 욕망'이며, 이차적으로는 남성과 여성이 상대에게서 느끼는 매력이다.

《법의 정신》 제1편 제3장은 이러한 인간의 사회적 본능만을 다루고 있다. 사실 이 부분은 홉스처럼 실정법만을 알고 있는 사람을 반박하고 자연법의 원리를 옹호하는 제1장의 첫 부분에 나타난다. "실정법이 명령하거나 금하기 전에는 정의도 불의도 없었다고 하는 것은, 마치 어떤 사람이 구체적으로 원을 그려보고 검증해볼 때까지는 그 원의 반지름은 모두 동일하지 않다고 이야기하는 것과 같다." 몽테스키외는 계속해서 다음과 같이 말한다. "따라서 실정법이 확정하는 형평의 관계가 실정법에 앞서 존재한다는 것을 인정해야 한다. 그 형평의 관계란 예를 들어 다음과 같다. 즉 인간 사회가 있다면 그 사회의 법을 따르는 것이 옳다. 어떤 인간이 다른 인간에게서 은혜를 받았을 때 그는 그것에 감사해야 할 것이다. 만약 어떤 인간이 다른 인간을 창조했다면 창조된 존재는 그가 처음부터 맺고 있는 의존 관계에 머물러 있어야 할 것이다. 다른 인간에게 해를 끼친 인간은 같은 해를 받는 것이 마땅할 것이다. 그 밖의 것도 마찬가지다."

여기서 몽테스키외가 전하고자 한 바는 사회가 존재한다는 가정에서 시작하는 부분이 포괄하고 있는 것은 결코 어떤 법이 아니라는 것이다.

《법의 정신》 제1편 제2장에서는 자연법의 네 가지 법이 언급되고 있는데 첫 번째는 초합법적인 법이다. 다시 말해서 복종해야 하는 법이다. 앞으로 살펴보겠지만, 합법성에 관한 이러한 주장이 몽테스키외 이론의 토대를 이룰 것이다.

세 번째 법은 종속과 의존의 법이다. 이 법은 아이들이 부모에게 복종해야 하는 것처럼 부모는 자식들을 보살피고 보호해야 할 의무가 있다고 주장한다. "자식들을 양육하는 것은 자연법의 의무다."(제26편 제6장)

마지막으로 두 번째와 네 번째 법은 동일한 원리가 변형된 것이다. 다시 말해서 선은 선에 부응하고 악은 악에 부응한다는 것이다. 몽테스키외가 말하고 있듯이 이것은 "사람들이 우리에게 해주기를 바라는 것을 타인에게 하려는, 자연스러운 빚이다".(제10편 제3장) 이것은 상호성의 법이다. 몽테스키외는 노예제를 예로 든다. 그는 노예제가 유용하지 않기 때문에 비난하는 것이 아니라 노예제를 옹호하는 사람들이 자신들이 노예제의 대상이 되는 것을 원하지 않는다는 점을 근거로 노예제를 비난한다. "이러한 사실에서, 각자의 욕망이 합법적인지 아닌지를 알고자 한다면, 모든 이의 욕망을 먼저 살펴보아야 한다."(제15편 제9장)

따라서 사회는 상호성의 인과관계뿐 아니라 종속의 인과 관계에 의해서도 만들어진다. 평등에 관한 몽테스키외의 입장을 이해할 수 있도록 도와주는 것이 바로 이 부분이다. 만일 사회에서 벗어난 인간을 상상할 수 있다면 그들은 모두 평등한 권리를 가질 것이다(비록 육체적 차이가 있다 할지라도 말이다). "모든 인간은 평등하게 태어나며"(제15편 제7장) 이는 또한 노예제를 비난할 수 있는 이유 중 하나가 된다. 그렇지만 이 원리는 인간 사회의 그 어떤 현실과도 부합하지 않는다. "인간은 사회적 삶을 살게 되면서"(이제 우리는 이 말이 어떤 시대를 가리키는 것이 아니라 비판적으로 적용되는 것임을 알고 있다) "그들 사이에 존재했던 평등은 사라"진다(제1편 제3장). 비록 사회 속에 평등이 포함되어 있더라도 사회는 평등을 바탕으로 구축되지 않는다. 왜냐하면 상호성이라는 관계 외에 종속과 의존이라는 관계 또한 존재하기 때문이다.

《법의 정신》의 제8편 제3장 ("극단적인 평등 정신")은 비록 민주 정체에만 관계되는 대목이지만 평등의 역할과 그 실현에 대해 전반적으로 기술하고 있다. "자연 상태에서 모든 사람은 물론 평등 속에서 태어난다. 하지만 사람들은 평등 상태에 머무는 법을 알지 못한다. 사회는 이들이 이러한 평등을 잃어버리게 만든다. 이들은 법에 의해서만 다시 평등해질 수 있다"(제8편 제3장). 앞으로 살펴보겠지만 이 마지막 제안은 군주 정체에는 적용되지 않는다. 불평등이 자연법에 속하기 때문에 평등 역시 자연법에 속한다고 단순화할 수는 없다. 사회는 상호성과 종속의 균형적이고도 불균형적인 관계를 필연적으로 포함하고 있기 때문이다.

4. 정체의 고유한 구조와 정체를 움직이는 원리

법의 정신에 영향을 미치는 두 번째 힘은 정체의 본질과 원리이다. 몽테스키외는 자연법을 인간과 사회의 본성에 대한 가설을 바탕으로 추론했다. 그러나 비록 그 자신은 정치체제의 형태를 분석하기 위해 구체적인 역사적 경험에서 도움을 받았다고 밝혔지만, 사실의 관찰에 바탕을 둔 것은 아니다. 오히려 몽테스키외의 정치체제 형태는 추상적인 두 가지 매개 변수의 교차를 통해 추론된 추상적인 가능성이라고 할 수 있다. 따라서 그가 제안한 정치체제의 분류가 명확하지 않은 것은 사실이다. 그는 서너 가지 정체의 형태 사이에서 망설였고, 분류를 만들어낸 차별적인 기준에 대해 장황하게 설명하지 않았다. 그럼에도 이러한 정체의 형태들을 탄생시킨 논리적 원형을 재구성하는 것은 그다지 어려운 일이 아니다.

우선 그는 공화 정체와 군주 정체와 전제 정체라는 세 가지 정치체제를 구분하면서 이 세 가지 형태를 다음과 같이 정의한다. "공화 정체란 인민 전체 혹은 단지 인민의 일부가 주권을 갖는 정체이고, 군주 정체란 군주 한 사람이 통치하지만 합법적 절차를 통해 제정된 법을 따르는 정체다. 이에 반해 전제 정체란 군주 한 사람이 법이나 규칙도 없이 오로지 자신의 의지나 기분에 따라 모든 일을 처리하는 정체를 말한다"(제2편 제1장). 바로 이어 다음과 같이 덧붙인다. "공화 정체에서 인민 전체가 주권을 갖는다면 그것은 '민주 정체'이고, 주권이 인민의 일부에게 있다면 그것은 '귀족 정체'라 불린다."(제2편 제2장)

이러한 부언은 물론 앞에서 인용한 공화 정체를 정의하면서 사용한 "혹은"(인민 전체 혹은 단지 인민의 일부)을 설명하기 위한 것이다. 따라서 여기서는 몽테스키외를 따라 정체 형태를 네 가지로 구분하기로 하자. 매우 상이한 성격의 두 가지 기준은 이러한 구분을 가능하게 한다. 첫 번째 기준은 순전히 양적이거나 산술적인 기준이다. 다시 말해서 권력이 한 사람에 의해 행사되는가 또는 여러 사람이나 전체에 의해 행사되는가이다. 두 번째 기준은 질적인 것으로, 권력을 행사할 때 법이 적용되는가 또는 법 없이 이루어지는가이다. 그런데 몽테스키외는 주권자가 한 사람인 경우에만 법이 없는

〈표 2〉 정체의 형태

	하나의 주권자	여러 주권자	주권자 모두
법이 있는 경우	군주 정체	귀족 정체	민주 정체
법이 없는 경우	전제 정체	?	?

통치 형태를 고려한다. 물론 최소한 이론적으로는 총체적인 힘이 모든 사람 혹은 여러 사람(이 경우는 한 당파가 독재하는 경우가 될 것이다)의 수중에 있다는 것을 상상하는 것이 불가능하지는 않다. 〈표 2〉에서 볼 수 있듯이 몽테스키외의 기준에 비추어볼 때 몇몇 정체의 형태가 누락되었다.

다음 글은 《법의 정신》의 텍스트보다 더 용이하게 이러한 구조에 대해 설명해준다. "군주 정체는 일반적으로 한 명의 지배자가 통치하는 전제주의 속에서 부패하게 된다. 귀족 정체는 지배자가 여럿인 전제주의 속에서 부패하고, 민주 정체는 국민의 전제주의 속에서 부패하게 된다."[127] 이러한 몽테스키외의 지적에서 중요한 점은 여기서 사용된 '부패하다dégénérer'라는 용어가 명확하게 정체의 변별을 결정짓는 가치 판단에 관여한다는 점이다.

이미 앞에서 살펴보았듯이 정체의 이러한 추상적 형태는 몽테스키외가 이 형태의 원리라고 불렀던 심리적 짝을 지니고 있다. 심리적으로 대등한 짝(국가의 정신에서와 마찬가지로)에 관한 견해는 몽테스키외가 가져온 중요한 혁신이다(몽테스키외는 아리스토텔레스와 플라톤까지 거슬러 올라가는 정치철학의 전통 속에서 정체의 형태들을 찾아냈다). "각 정체의 본질과 원리 사이에는 다음과 같은 차이가 있다. 즉 본질이란 정체로 하여금 그렇게 존재하게 만드는 것이고, 원리란 그것을 움직이게 하는 것이다. 전자는 정체의 고유한 구조이고 후자는 정체를 움직이게 하는 인간의 정념이다"(제3편 제1장)라고 몽테스키외는 기술하고 있다. 따라서 대립은 존재와 행동 사이에, 형태와 힘 사이에 놓여 있지만, 이와 마찬가지로 추상적인 형태와 심리적 경험에서 생겨난 대상 사이에도 존재한다.

정체의 원리는, 만약 그것이 의식 속에서만 존재한다면, 정체의 본질을 특징짓는 자명성을 지니지 않을 것이다. 이 원리는 한 사회의 일상적인 현실보다는 오히려 한 사회의 이상향(흔히 무의식적인)에 부응하며, 한 사회에서 발견되는 무엇이라기보다는 오히려 한 사회에서 발견되어야 할 무엇에 부응한다고 할 수 있다(제3편 제11장). 하나의 정념이 어떤 사회 속에서 지배적으로 나타난다고 해서 그것이 그 사회의 원리라고 단정지을 수는 없다. 그 사회의 동력[128]의 역할을 수행한다고 하는 편이 나을 것이다. 하지만 원리가 심리적이거나 관찰하기 어렵다고 해서 그 효과들을 과소평가해서는 안 된다. 몽테스키외는 "원리의 힘이 모든 것을 이끈다"(제8편 제11장)고 언급했다.

이 원리들의 수효에 관해 살펴보면 몽테스키외가 정체 형

〈표 3〉《법의 정신》에 나타난 정체 원리의 관계

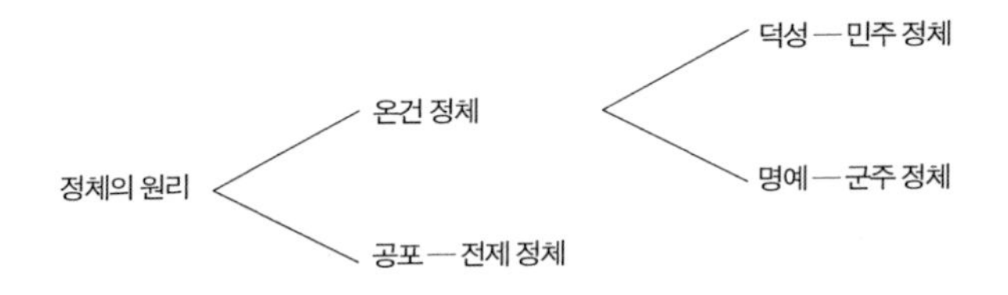

태를 결정하는 데 주저했음을 다시 확인할 수 있다. 경험으로 관찰될 수 있는 정체 형태가 네 가지이기 때문에 이것은 연역적인 체계를 약간은 벗어난다. 그는《법의 정신》제3편에서 민주 정체—덕성, 귀족 정체—온건, 군주 정체—명예, 전제 정체—공포 사이의 등가의 가치를 제안한다. 하지만 그는 이 부분 외에 다른 저서에서 이러한 제안을 발전시키지 않았다. 구조화되지 않은 이러한 목록은 사실상 두 가지 결함을 지니고 있다. 하나는 귀족 정체가 차지하고 있는 모호한 위치에서 나타난다. 다시 말해서 귀족 정체는 완전한 형태인가 아니면 민주 정체와 군주 정체라는 서로 다른 두 형태 사이의 중간 과정인가라는 물음이 대두하는 것이다. 몽테스키외는 제3편에서는 첫 번째 해결책을 택했지만 이후에는 두 번째 해결책으로 기울어졌고, 군주 정체를 때로는 민주 정체와, 그리고 때로는 귀족 정체와 비교하면서도 귀족 정체에 대한 특별한 이론을 전개하는 데는 지면을 할애하지 않았다. 마찬가지로 귀족 정체의 원리를 지칭하는 용어는 의미가 없다고 판명된 바 있으며, 그래서인지 제3편 제9장에서부터 이 용어는 전제적이지 않은 정체 형태 전반을 지칭하기 시작한다(이는 제3편 제10장의 제목 "온건 정체와 전제 정체하에서의 복종의 차이"에서 단적으로 드러난다). 그리고 '온건 정체gouvernement modéré'는 공화 정체와 군주 정체의 공통적인 유형으로 자리 잡는다. 또 다른 한편으로 전제적 정체들의 원리인 공포는 덕성과 명예와 동일한 위치에 있을 수 없다. 앞서 살펴보았듯이 전제주의는 합법적인 모든 정체에 대립되기 때문이다. 따라서 《법의 정신》에서 나타난 정체 원리의 관계는 〈표 3〉과 같다.

5. 정치적 덕성과 정념으로서의 명예

몽테스키외는 정체 원리 자체를 구체적으로 언급하지 않는다. 원리는 "거기서 자연히 파생된다"(제3편 제2장)고 지적한 것처럼 각 정체의 본질에서 연역적으로 추론된 것이다. 우선 덕성-명예의 대립을 살펴보자. 몽테스키외가 이해한 덕성은 권력이 모든 사람에게 있다는 사실에서 직접적으로 비롯된 결과다. 다시 말해서 모든 사람은 권력 앞에서 평등하다는 것이다. 덕성은 구성원 사이의 이러한 평등에 근거를

둔다. "민주 정체에 대한 사랑은 평등에 대한 사랑이다"(제5편 제3장). "민주 정체에서 현실적인 평등은 국가의 영혼이다."(제5편 제5장)

모든 시민의 평등은 하나의 결과를 지닌다. 다시 말해 오로지 개인과 국가라는 두 가지 차원의 사회적 구조화만이 존재한다는 것이다. 보다 정확히 말해서 평등은 개인과 국가의 내부에서 확립된다. 이것이 바로 평등이 조국에 대한 사랑을 야기하는 근본적인 이유다. "공화국에 있어서 '덕성'이라고 부르는 것은 조국애, 즉 평등에 대한 사랑"이다.[129] "공화 정체 내에서 덕성은 매우 간단한 것이다. 그것은 공화 정체에 대한 사랑이다"(제5편 제2장). 개인과 국가 사이를 매개하는 사회 개체들이 존재한다고 하더라도 이 사회 개체들은 별다른 중요성을 갖지 않는다. 개인과 사회 전체가 더 커다란 가치를 지닌다. 따라서 이러한 내용이 바로 덕성이라는 단어가 지니는 매우 제한된 의미다. 이 말은 민주 사회의 각 구성원이 덕성을 갖추어야 한다는 것이 아니라 정치적 덕성(평등에 대한 사랑, 조국에 대한 사랑)을 갖추어야 한다는 것을 의미한다.

만약 평등이 지나치게 문자 그대로의 의미에만 치중하여 맹목적인 방식으로 적용된다면 민주 정체를 위협하는 것은 바로 평등이 될 것이다. 몽테스키외가 '극단적 평등'이라 부른 것이 바로 이것이다. 한편 몽테스키외에 의하면 "하늘이 땅과 멀리 떨어져 있다는 사실처럼 자명한 평등의 정신은 극단적 평등 정신과는 멀리 떨어져 있다"(제8편 제2장). 극단적 평등은 어떤 권리도 위임하지 않으려 하면서, 모든 결정에 참여할 것을 평등의 이름으로 요구한다. 이렇게 되면 국가 활동은 모든 사안을 끊임없이 협의하는 총회에 의해 마비될 것이다. 그리고 이와 동시에 양극이 서로 통하는 것처럼 극단적 민주 정체는 손쉽게 폭정으로 변형될 것이다. "극단적 평등 정신은 〔민주 정체를〕 단 한 사람의 전제 정체로 이끈다"(제8편 제2장).

민주 정체와 마찬가지로 군주 정체의 원리 역시 본질에서 연역적으로 추론된다. 그 원리는 단 한 사람, 즉 왕은 다른 사람이 접근할 수 없는 권한들을 갖는다는 것이다. 따라서 이러한 원리에는 처음부터 불평등과 계급이 존재한다. 그뿐 아니라 불평등을 인정하는 귀족 정체는 군주 정체와 흡사하다. 그래서 이 원리는 "명예, 즉 각각의 개인과 계급〔신분〕의 편견"(제3편 제6장)이라 불린다. "명예는 본질적으로 특혜와 차별을 요구한다"(제3편 제7장). 다시 말해서 명예는 불평등을 요구한다. 이러한 원리는 더 이상 앞에서 언급했던 시민과 우리를 유사하게 만드는 무엇이 아니라 그들과 우리를 구별하는 무엇이 된다. 각각의 시민에게는 하나의 신분이 주어졌으며, 하나의 규범에 따라 검증받는 방식으로 사람들이 의거하는 것은 개인이나 사회 전체가 아니라 바로 이러한 신분이다(제4편 제2장). 명예의 원리 자체가 쇠퇴하는 것을 막으려면 특권들이 유지되어야 한다. "국왕이 차층 집단의 권리나 도시의 특권을 강탈할 때, 군주 정체는 부패한다."(제8편 제6장)

평등은 조국에 대한 사랑과 중간 집단의 소멸을 야기한다. 명예를 지지하는 계급 제도는 바로 이러한 존경의 표시와 특권이 인정받는 사회적 공간을 확립하고 유지한다는 사실을 내포한다. 군주 정체 내에서 칭송받을 만한 행동에 대한 보상은 유일한 영광인 명성이고, 이것은 한마디로 명예를 의미한다. 이 명성이란 존재하기 위한 사회적 공간을 필요로 하는 행위 자체에 대한 외적 보상이다. 그렇지 않다면 그 누가 "행위에 대한 평가와 칭찬 말고는 아무런 보상도 없이"(제3편 제7장) 행동을 하겠는가? "명예는 정치체[130]의 모든 부분을 움직이며, 그 작용 자체에 의해 이 모든 부분을 결합하여 하나로 만든다"(제3편 제7장). 개인적인 가치(그리고 개인의 삶)는 뒷전으로 밀려나고 사회적 차별이 지배하게 되는 것이다.(제4편 제2장)

따라서 덕성은 평등하고 개인적인 반면 명예는 계급적이고 사회적이라고 할 수 있다. 이를 통해 우리는 덕성과 명예 사이의 균형을 다시 확립할 수 있게 될 것이다. 우리는 이러한 대립이 균형 잡히고 평등한 상호성의 인과관계와, 불균형적이고 불평등한 종속의 인과관계의 대립으로 다시 환원된다는 사실을 알고 있다. 또한 이러한 인과관계는 사회의 자연법이 지니는 속성이다. 이러한 각 정체 형태는 인간의 '자연적인' 몇몇 특징을 기반으로 하고 이 특징들을 우월하게 만들기 전까지 그 확장을 조장한다.

모든 사회 규범 가운데 평등을 유일한 원리로 삼는 것이 비합법적일 수 있다면 그것은 바로 이러한 사실 때문이다. "민주 정체의 원리는 사람들이 평등 정신을 잃어버렸을 때 부패한다"(제8편 제2장). 나아가 우리는 민주 정체 내에서 법이 불가피한 사회적 불평등을 보상할 것을 목적으로 삼는다는 사실을 살펴보았다. 그러나 군주 정체의 경우에는 전혀 그렇지 않다. 군주 정체에서는 종속과 복종의 관계가 보다 우선되기 때문이다. 이러한 관계의 규칙이란 "시민들을 신분의 차별이 매우 두드러지는 상태에 놓는 것이므로, 사람들이 도입하고자 하는 바로 평등 그 자체를 시민들은 증오하게 될 것이다"(제5편 제5장). 따라서 "군주 정체나 전제 국가에서는 아무도 평등을 갈망하지 않게 된다. 심지어 사람들은 그러한 생각조차 떠올리지 않으며, 각자는 우월을 지향한다"(제5편 제4장).

여기서 중요한 것은 바로 이 원리 각각이 자연법 속에서 정당화되는 방법을 찾는다는 것이며, 따라서 그 어떤 원리도 자체로는 다른 원리보다 우월하지 않다는 것이다. 평등하거나 불평등한 관계는 사회의 본질 그 자체에 내포되어 있다. 그러므로 특정한 사회는 어떤 때는 하나의 집단을, 또 어떤 때는 다른 어떤 집단을 선호한다. 프랑스의 사상가 몽테뉴

Michel Eyquem de Montaigne는 덕성을 함께 갖춘 명예에만 가치를 부여했지만, 몽테스키외는 이 둘을 별개의 것이라고 주장하면서 연역적으로 하나를 선택하기를 거부했다. 이러한 선택은 역사적이고 지리적이며 정치적인 상황에 따라서만 이뤄질 수 있기 때문이다.

6. 전제 정체의 원리는 공포다

한편 공포-온건의 대립은 이와는 정반대다. 더욱이 대립하는 이 두 용어는 동일한 수준으로 평가되어서는 안 된다. "국가가 어떤 온건 정체에서 다른 온건 정체로, 이를테면 공화 정체에서 군주 정체 혹은 군주 정체에서 공화 정체로 이행하는 데는 불편이 없다. 그러나 그것이 온건 정체에서 전제 정체로 급변할 때는 그렇지 않다"(제8편 제8장). 전제 정체에 대해 몽테스키외가 앞에 기술한 비판은 《페르시아인의 편지》에서 그랬던 것 못지않게 강력한 어조를 띤다. "이 무서운 정체에 관해서 이야기할 때는 실로 전율을 느끼지 않을 수 없다"(제3편 제9장). "전제 정체의 원리는 정체의 본질부터 부패되어 있기 때문에 줄곧 부패한다"(제8편 제10장). 이처럼 다른 정치체제의 국가에 대한 묘사보다 전제 국가에 대한 묘사는 역사적 자료들에 훨씬 덜 충실했다. 다시 말해서 실례들이 원리를 확실하게 증명해야 했기 때문에 몽테스키외는 자신의 주장과 상반될 수 있는 모든 것을 제외하는 데 주저하지 않았다.

이러한 사실은 몽테스키외가 이 작업에서 추구한 것이 경험에 의한 정확성이 아니라 연역적 추론에 의해 얻어진 유형별 특징을 구분하는 것이었음을 말해준다. 물론 연역법에 의해 얻은 결과들이 지니는 위험을 명시하는 것 역시 중요하다. 우리가 현실에서 목격할 수 있는 특유한 전제 국가들은 몽테스키외에게는 오로지 예증으로서의 관심만 끌 뿐이었다. 이처럼 몽테스키외에게 중요한 것은 전제 정체와 다른 정체 형태 사이에서의 구체적 충돌보다 바로 전제 정체의 논리였다.

전제 정체는 보존 본능과 친족에 대한 사랑을 신성한 가치로 인정하지 않기 때문에, 게다가 잔인한 짓과 고문을 인정하기 때문에 이 원리는 인간의 자연적인 권리와 대립한다. 폭군은 마치 자신이 더 이상 인간이 아니라는 듯 법에서 벗어난다. 이것이 바로 몽테스키외가 마키아벨리Niccolò Machiavelli를 가혹하게 공격한 이유다(다른 측면에서는 마키아벨리에게 경탄하면서도 말이다). 그는 마키아벨리가 폭군과 군주 사이의 차이를 등한시했다고 비판한다. "오로지 전제 정체 속에서만 필요한 원리들을 군주들의 위대함을 유지시키기 위해 군주들에게 부여한 것은 마키아벨리의 망상이다. 더구나 이 원리들은 군주 정체에서는 불필요하고 위험하며 더욱이 실행될 수조차 없다."[131]

전제 정체는 특히 법과 규범이 부재하기 때문에 사회의 자연법에 실려 있는 첫 번째 법, 즉 법 준수에 대한 요구와 직접적으로 대립한다. "전제 정체는 공포를 원리로 삼는다. 그러나 겁이 많고 무지하며 기력을 상실한 사람들에게는 법률이 많이 필요하지 않다"(제5편 제14장). "전제 국가에는 법이 없다"(제6편 제3장). 전제 군주는 "국민의 마음이나 자기의 마음을 조정할 수 있는 그 어떤 것도 갖고 있지 않다"(제5편 제11장). 반대로 여기에서 온건은 합법성과 혼재된다. "온건한 정부는…법률과 물리력에 의해 유지된다"(제3편 제9장). "온건한 국가에서 법은 그 어떤 점에도 신중할 뿐 아니라 완전히 개방되어 있으므로 최하급 관리도 이 법을 따를 수 있다"(제5편 제16장).

공포는 정체의 다른 원리와 다르다. 오히려 공포는 정치체제의 모든 원리가 부재하는 와중에 폭군들에게 유일하게 주어져 있으며 그가 의지할 수 있는 무엇이다. 사람들은 그 어떤 것보다도 죽음에 대한 공포에 의해 권력에 복종한다. 따라서 전제주의의 구조는 극도로 간단하다. 한편에는 제한받지 않는 의지가 있고, 또 다른 한편에는 절대적인 복종이 존재한다. 복종은 특별한 성품을 요구하지 않기 때문에 복종을 통한 교육의 목적은 모든 덕성의 형성을 방해하는 데 있다. 교육은 "마음속에 공포를 불어넣는 것으로 국한된다…여기에서 지식은 위험한 무엇이며 경쟁심은 치명적인 무엇이다…따라서 여기에서 교육은 전혀 존재하지 않는다"(제4편 제3장)고 말할 수 있다. 이러한 단순성은 정체의 내용에서 모든 기구를 없애버리고, 수뇌부의 의지와 집행부의 복종 사이의 모든 매개물을 제거한다. 여기에 "완화, 수정, 타협, 한계, 등가, 협상, 질책 등은 없으며 이와 같은 것이나 혹은 이보다 더 나은 것을 제안할 수도 없다. 인간은 의지를 갖는 다른 피조물에 복종하는 피조물에 불과하다"(제3편 제10장). "상급자는 하급자에게 어떤 의무도 없다." "사람들은 어떤 사람들이 다른 사람들에게 행하는 형벌에 의해서만 서로 결합되어 있다고 믿는다"(제5편 제17장).

궁정의 환관들과 마찬가지로 독재자에게 가장 이상적인 것은 피지배자의 침묵에 서려 있는 평온이다. 다른 정체의 국민들에 대해 말하자면 최상은 그들을 무시하거나 그들이 존재하지 않았던 것처럼 행하는 것이다. 그렇지 않다면 그들은 유해한 예를 제공하는 대상일지도 모른다. "이런 국가는 세계에서 유일하다고 간주될 수 있는 경우나 사막으로 둘러싸여 이 국가를 야만인이라 부르는 다른 민족들에게서 격리되어 있는 경우에 가장 좋은 상태에 있다고 할 수 있을 것이다"(제5편 제14장). 이러한 정치의 결과는 물론 전제 국가의 국민들뿐 아니라 독재자 자신에게도 끔찍하기는 마찬가지다. 독재자는 국민의 능력을 말살시킴으로써 단기간에는 이익을 보겠지만 장기적으로는 국가를 가난하게 만들기 때문이다. "루이지애나의 야만인들은 과일이 필요하다 싶으면 나무를 뿌리째 베어 과일을 딴다. 이것이 바로 전제 정체다"(제5편 제13장). 이 경우 사실 그 어떤 사람도 자신의 지배자보다 더한 노예처럼 보이지는 않는다. 사람들은 결코 "노예가 되지 않고서는 폭군"(제4편 제3장)이 될 수 없다. "군주는…이 궁전의 첫 번째 죄수인 것이다"(제5편 제14장).

7. 합법성은 어떻게 자유에 기여하는가

전제 정체는 합법적이지 않기 때문에 악이며, 합법성은 자연법에 속하기 때문에 선이다. 그렇다면 합법성은 왜 자연법에 속하는가? 자연법에 관한 논쟁이 일었을 때 사람들은 이 질문을 해결하지 않은 채 내버려두었다. 이 질문에 대한 답은 전제 정체에 관한 논의에서 찾아야 한다. 전제 정체와 대항해서 싸우는 힘은 무엇인가? 그것은 "자유를 향한 인간의 사랑"(제5편 제14장)이다. 자유는 절제[132]의 결과다. 그런데 전제 정체에서는 자연법에 상반하는 노예제가 한 부분을 이루고 있다. 합법성은 오직 자유 유지에 기여해야만 자연법에 속하게 된다. 자유는 덕성과 명예를 포섭하는 정체의 원리와도 같다. 이것이 바로 몽테스키외가 영국을 묘사하면서 덕성과 명예에 대해 장황하게 이야기를 늘어놓지 않을 수 있었던 이유다. 영국은 자유의 옹호와 절제를 증명한 나라이고, 공화 정체와 군주 정체의 특성을 결합한 나라인 것이다.

그렇다면 합법성은 어떻게 자유에 기여하는가? 바로 권력에 제한 장치를 마련하는 것이다. 즉 합법성이 모든 권력이 고려해야 하는 첫 번째 권력 그 자체를 이루면서 가능해지는 것이다. 오로지 어떤 힘만이 유일하게 다른 어떤 힘을 제약할 수 있다. 합법성은 모두에게 제공되는 힘이다. 그래서 종종 개인에게 '자유'라는 단어의 의미는 법에의 복종과 혼동되기도 한다. 그런데 바로 이것이 힘의 독단에 대항하는 자유를 보호하는 유일한 장치다. "자유는 법이 허용하는 모든 것을 행할 수 있는 권리다"(제11편 제3장). 나아가 자유는 법이 금지하거나 혹은 단순히 부과하지 않는 것을 행하지 않을 수 있는 권리이기도 하다. 만약 내가 법에 복종하지 않는다면 다른 사람들도 그렇게 할 것이고, 그렇게 되면 그 어떤 것도 다른 사람들의 힘에 대항해서 나를 보호할 수 없게 될 것이다. "시민에게 정치적 자유란 각자가 자신의 안전에 대한 권리를 갖는다는 생각에서 유래하는 정신적 안정이다. 그리고 시민이 이러한 자유를 갖게 하기 위해서 정부는 한 시민이 다른 시민을 두려워하지 않도록 보장해주어야 한다"(제11편 제6장). 그렇지 않다면 자유는 서로가 서로에게 대항하는 끊임없는 전쟁이 될 것이고, 사회는 점진적으로 소멸할 것이다(한편 사회는 인간에게 '자연적인' 것이다). 여기서 우리는 몽테스키외가 홉스에게 갖고 있던 채무와 이 두 사람을 구분짓는 것을 동시에 엿볼 수 있다.

따라서 자유에 대한 이러한 정의는 상대적이거나 형식적인 정의를 의미한다. 몽테스키외는 이것이 철학적이거나 절대적인 자유에 관한 것이 아니라 정치적 자유에 관한 것이라고 상기한다. "철학적 자유는 자기 자신의 의지의 행사, 또는 적어도 (만약 모든 철학의 체계에 따라 언급해야 할 필요가 있다면) 자신의 의지를 행사하고 있다는 견해 속에 존재한다. 정치적 자유는 안전, 또는 적어도 자기 자신의 안전에 관해 사람이 갖는 견해에 놓여 있는 것이다"(제12편 제2장). 안전 자체보다 더 중요한 것이 안전에 대한 '견해'라는 사실을 명확히 하기 위해 몽테스키외가 기울였던 주의에 우리는 주목해야 한다. 정체의 '원리'에 대해서와 마찬가지로 여기서도 역시 몽테스키외는 집단적 믿음과 사회적이고 물리적인 사실들의 타당성을 지적한다. 자유에 관한 일상적 경험이란 개인에게는 바로 자기 자신의 안전을 느끼는 것으로 나타난다.

정치적 자유가 곧 자연적인 독립을 의미하는 것은 아니다. 오히려 그 반대다(제26편 제15장). 한편 법은 나라마다 다양하다. 그런데 자유는 항상 법과의 조화 속에서 행동하는 데 놓여 있다. 따라서 서로 다른 두 사회 속에서 자유는 동일하게 표출되지 않는다. 합법성에 관한 견해의 수락과 형태로서의 법, 다시 말해서 법의 인정 자체라는 단 한 가지 사실만이 보편적이다. 바로 이 이유 때문에 자유가 자연법에 속할 수 있는 것이다.

그렇다면 우리는 다음과 같은 물음을 던질 수 있다. 만약 법이 정말로 부당하다면 정체는 어떻게 되는가? 독재 정체가 자신의 부당성을 합법화하고 자신에게 유리하도록 법을 바꿔가면서 엄격하게 법을 적용하는 행위는 그 무엇으로도 막을 수 없다. 이 경우 이것을 자유라 할 수 있을까? 우리는 몽테스키외가 자신이 내린 정의의 최종 결론에까지 이르지 않았으리라고 생각할 수 있다. 왜냐하면 어떤 식으로든 (그가) 결론을 내리게 되면 그 결론이 다시 자신에게로 되돌아오기 때문이다.

자유는 합법성에 의해 정의될 뿐 아니라, 마찬가지로 합법성 역시 자유에 의해 정의된다. 일반적으로 몽테스키외에게 있어 법의 존재 자체는 법을 정당화할 만한 충분한 이유를 내포하지 않는다. 만약 법을 정당화할 만한 이유가 충분하다면 더 이상 자연법과 실정법 사이에는 차이점이 없게 된다. 법임에도 불구하고 폭정의 법은 안전이라는 감정을 만들어내지 않는다. 자연법의 추상적 원리, 다시 말해서 '절제된' 법뿐 아니라 한 국가의 다양한 구성 요소를 고려하는 법만이 이 안전이라는 감정을 만들어낸다.

따라서 몽테스키외가 만들어낸 이론의 핵심은 바로 절제다. 합법성은 그 자체로서는 하나의 가치가 아니지만 그것이 절제를 구현하고 자체의 권력으로 권력을 제한할 때는 하나의 가치를 이룬다. 국가는 근본적으로 이질적이다. 권력의 획일화가 언제나 악이고, 권력의 다양함이 늘 선인 것은 바로 이러한 이유 때문이다. 권력의 분배나 분할은 권력의 독점을 막아주며, 바로 이러한 이유 때문에 자유를 보장한다. "정치적 자유는 온건 정체 속에서만 발견된다"(제11편 제4장). 이것이 바로 '온건'과 '전제 정체'라는 단어가 지니는 가장 일반적인 의미다. 다시 말해서 전제 정체는 단일화된 권력으로 구성된 국가이고, 온건 정체는 다양성, 즉 여러 권력의 공동 참여를 내포한다. "전제 정체에서 권력은 그것을 위임받은 사람들의 수중으로 모두 옮겨진다"(제5편 제16장). 전제 정체가 악인 이유는 이러한 권력 분립을 거부하기 때문이다. 이와 반대로 군주 정체는 왕이 권력의 일부를 소유하면서 그 권력의 한 부분을 누군가에게 위임하는 것을 전제한다. 더욱이 군주 정체의 원리, 즉 명예 자체는 왕의 권한을 제한할 수 있는 장치를 마련한다(제3편 제10장). 왕은 전제 군주와 마찬가지로 국가의 정점에 있는 유일한 권력자다. 두 정체의 이러한 유사성에도 불구하고 권력 문제로 볼 때 군주 정체에서는 권력이 분배되고, 전제 정체에서는 권력이 하나로 수렴되기 때문에 서로 다르다.

8. 권력의 독단을 막을 수 있는 방법은 무엇인가

온건-합법성, 즉 법의 존재는 권력의 독단을 막을 수 있는 최소한의 제어이자 자유의 필요조건이다. 하지만 국가의 구체적 실행이라는 관점에서 볼 때 이것만으로는 충분하지 않다. 자유를 확보하기 위해서는 마찬가지로 권력이 균형을 이루어야 한다. "자유는 권력이 남용되지 않을 때만 존재한다…권력을 남용하지 않도록 하기 위해서는 사안들을 배열함으로써 권력이 권력을 저지하도록 해야 한다"(제11편 제4장). 이것이 강한 의미의 온건, 즉 온건-균형이다. "온건 정체를 구성하기 위해서는 여러 힘을 배열하고 조정하며 억제하고 행동하게 만들어야 한다. 말하자면 약한 힘에는 모래주머니를 달아 다른 힘에 대항할 수 있는 상태로 만들어야 하는 것이다"(제5편 제14장). 바로 이것이 몽테스키외로 하여금 하나의 국가에 입법, 행정, 사법이라는 다양한 권력 형태를 구분하도록 만든다. 서로 다른 기관 사이의 권력의 분립은 자유 유지를 보장한다. 서로 맞대고 있는 두 힘은 언제나 "상호 견제할 수 있는 권한으로 서로 연결"되어 있어야 한다(제11편 제6장). 그렇게 되면 권력은 "균형이 잡히게"(제11편 제18장) 될 것이다. 이처럼 합법성은 자유권을 보장하며, 권력분립은 이 권리를 향유할 수 있게 한다.

이러한 방법은 대단히 효과적이다. 하지만 전제 정체 역시 강력한 효과를 지니고 있으므로 투쟁의 결과를 미리 알 수는 없다. 간혹 몽테스키외는 낙관적인 모습을 보이기도 한다. "전제 정체의 원리는 끊임없이 타락한다. 다른 정체가 멸망하는 것은 우연한 어떤 사건이 그 원리를 깨뜨리기 때문이다. 그러나 전제 정체는 내부의 악에 의해 멸망한다"(제8편 제10장)고 기술한다. 하지만 또 어떤 때는 전제 정체의 원천 자체에서 이 체제의 영속과 과감한 확장의 요인을 목격한다(제6편 제2장). 그렇다면 전제 정체는 어떻게 갑자기 생겨났을까?

전제 정체는 "권력의 오랜 남용"이라는 내적 원인과 "대규모 정복"(제8편 제8장)이라는 외적 원인에 의해서 생겨났다. "권력을 가진 자는 모두 그것을 남용하기 마련"(제11편 제4장)이며, 더욱이 가장 강한 사람들은 항상 가장 약한 사람들을 정복하기를 원했다. 권력의 남용이란 무엇인가? 그것은 법의 위반 정도나 합법성(온건의 최소한의 변형)의 포기는 아니다. 단순하게 말해서 권력의 남용이란 분립되지 않은 권력의 이행이다. 따라서 권력의 남용은 권력의 사용이기조차 하다(우리는 《페르시아인의 편지》의 다음 문구를 기억한다. "무한한 권력이란 〔그 정당성에 대한 근원을 찾아볼 수 없는 것이므로〕 정당할 수 없다").[133] 권력을 남용하지 않는다는 것은 권력을 (혼자서만 혹은 언제나 혹은 어디서나) 사용하지 않는다는 것이다. 전제 정체는 우연히 출현한 것이 아니다. 그리고 전제 정체는 세계 어디에나 존재한다. 이러한 역설적인 사실을 좀 다르게 자문해 보자. 모든 사람은 자유를 존중한다. 그리고 자유는 세계에서 가장 진귀하다. 몽테스키외는 다음과 같이 부언한다. "말하자면 전제 정체는 그 누구의 눈에도 명백하다. 그것은 어디서나 매한가지다. 전제 정체를 수립하는 데는 정념만 있으면 누구나 할 수 있다."(제5편 제14장)

사회적인 측면에서 볼 때 전제 정체는 모든 인간의 고유한 특징, 즉 정념, 권력욕, 통합하려는 의지 등의 표현이다. 그리고 전제 정체는 사회가 그런 것처럼 인간에게는 본질적이다. 이 점에 비추어볼 때 자유의 쟁취는 끊임없이 늘 다시 시작해야 하는 전쟁이다.

9. 오늘날의 《법의 정신》

몽테스키외의 정치적 자유에 관한 논의는 결코 추상적인 분석이 아니다. 그것은 매우 구체적이고 분명한 이유에서 출발한다. 다시 말해서 몽테스키외가 정치적 자유의 문제를 《법의 정신》의 중심에 놓은 것은 단순히 프랑스의 정치현실을 비판하기 위해서가 아니라, 정치적 자유가 허용되기 위해 프랑스의 정치체계가 어떻게 개혁되어야 할 것인가를 탐구하기 위해서다. 이를 위해 그는 우선 영국의 국가구조를 면

밀히 분석함으로써, 폭력적이고 과격한 혁명 없이 프랑스의 정치제도를 개혁할 수 있는 방안을 제시하고자 시도한다. 따라서《법의 정신》을 집필하던 당시 그의 가장 커다란 관심사는 프랑스에서 어떻게 '최고의' 정치적 자유를 실현할 수 있는가 하는 것이다. 그리고 그는 영국의 삼권 분립 제도에서 해답을 발견한다.

그럼에도 불구하고 연구자들의 지적처럼, 몽테스키외의 권력 분립론은 영국의 구체적 상황을 충분히 검토한 결과물이 아니다. 왕당파와 의회파의 내전(1642~1645)은 중세의 흔적을 철저히 파괴하면서 영국을 혼합정부라고 불러도 좋을 상태로 변화시켰으며, 1688년의 명예혁명은 결국 의회의 우위를 확립하는 결과를 낳게 된다. 하지만 몽테스키외가 영국을 방문했던 1727년에는 영국 내각의 지위가 명확하게 설정되지 않았다. 따라서 당시 권력의 분립이 영국 정부조직의 특징이라고는 그 누구도 감히 말하기 힘들었다. 몽테스키외는 스스로 관찰하기보다는 로크John Loke나 볼링브룩Henry Saint John Bolingbroke의 저서에 더 의존했기 때문에, 영국의 초대 총리 월폴Robert Walpole이 집권하던 당시 영국 정부의 기능이 사실상 서로 연결되고 중복되어 있었다는 점을 제대로 파악하지 못했다.

그럼에도 불구하고 권력 분립의 문제에서 그는 적어도 가장 중요한 사실을 밝혀냈다. 그것은 누군가가 법이 허용하는 한도를 넘어 권력을 남용한다면 결국 다른 누군가의 자유가 침해당하기 마련이라는 보편적인 이치와 맞닿아 있다. 몽테스키외가 볼 때 권력에는 한계가 있고 또한 있어야 하며, 권력이 한 명의 자연인(自然人)이나 하나의 기관에 의해 독점적으로 장악될 때, 시민의 자유는 존립 기반을 상실하게 된다. 몽테스키외는 이러한 보편적 논리로부터 예언자적 통찰력을 바탕으로 근대 국가가 대두하기 이전에 이미 근대 국가에서의 권력의 의미에 대한 중요한 사실을 포착했다. 이와 더불어 감정이나 전통, 관행, 이데올로기는 권력을 억제할 수 있을 정도로 충분히 강력하지 않다는 사실도 깨달았다. 결국 '도둑을 잡기 위해서는 도둑을 풀어놓아야'하는 것이다. 따라서 권력 이외의 어떤 것도 권력을 억제할 수 없으며, 권력을 억제하지 못하면 전제주의가 뒤따르게 된다고 몽테스키외는 역설한다.

이처럼 전제 정체에 대한 몽테스키외의 비판은 단순한 비판으로만 그치지 않는다. 그는 정치적 자유와 함께 시민적 자유[134]를 확립하기 위해 필요한 조건을 검토하고 권력 분립의 사상을 만들어냄으로써 근대적인 공법 원리를 건설했으며, 나아가 후세의 민주 정체 발달에 큰 공헌을 했다. 그의 사상은 미국 독립 혁명과 프랑스 혁명에서 열매를 맺었고, 오늘날까지도 여전히 상당한 영향력을 행사하고 있다.

그러나《법의 정신》에 대한 다양한 이해와 평가는 몽테스키의 사후에도 여전히 계속되었다. 이 책이 난삽하게 수집된 자료들을 멋대로 섞은 측면이 있어서 '고전'이라는 권위를 부여하기에는 부족하다는 지적도 더러 있었다. 하지만 오늘날에도 여전히 빛을 발하고 있는 몽테스키외의 영향력과 업적에 비한다면, 이러한 비판은 대수롭지 않은 것으로 보인다. 분명한 사실은 수많은 비판과 문제제기에도 불구하고 《법의 정신》만큼 정치적 자유의 확립 방안에 천착하면서 인류의 법을 포괄적으로 비교·고찰한 책은 아직 없다는 것이다. 이것만으로도 이 작품이 주목받아야 할 이유와 가치는 충분하다고 할 수 있다.

부록 — 《법의 정신》 차례

제2부

제9편 법과 방어력의 관계

제1장 공화국의 일반적인 안전 대비책

제2장 연방(聯邦)의 구조는 동질의 국가들, 특히 공화국들로 구성되어야 한다

제3장 연방적 공화 정체에 필요한 여러 가지

제4장 전제 국가는 안전을 위해서 어떻게 대비하는가

제5장 군주 정체는 안전을 위해서 어떻게 대비하는가

제6장 국가의 방어력 일반에 대하여

제7장 성찰

제8장 한 나라의 방어력이 공격력보다 떨어지는 경우

제9장 국가의 상대적인 힘

제10장 이웃 국가의 약점

제10편 법과 공격력의 관계

제1장 공격력에 관하여

제2장 전쟁에 관하여

제3장 정복권

제4장 피정복민의 약간의 이익

제5장 시라쿠사의 왕 겔론

제6장 정복하는 공화국

제7장 정복하는 공화국

제8장 정복하는 공화국

제9장 자기 주위를 정복하는 군주 정체

제10장 또 다른 군주 정체를 정복하는 군주 정체

제11장 피정복민의 풍습

제12장 키루스 왕의 법

제11편 국가 정체와의 관계에서 정치적 자유를 구성하는 법

제24장 익명의 편지

제25장 군주 정체에서의 통치에 관하여

제26장 군주 정체에서 군주는 접근하기 쉬운 존재여야 한다

제27장 군주의 품행

제28장 군주가 신하에게 표시해야 할 존경

제29장 전제 정체에 약간의 자유를 부여하기에 적합한 시민법

제30장 전제 정체에 약간의 자유를 부여하기에 적합한 시민법

제13편 조세의 징수와 국가 수입이 자유에 대하여 갖는 관계

제1장 국가의 수입

제2장 조세가 많아야 좋다는 것은 잘못된 생각이다

제3장 인민의 일부가 농노인 나라의 조세

제4장 인민의 일부가 농노인 경우의 공화 정체

제5장 인민의 일부가 농노인 경우의 군주 정체

제6장 인민의 일부가 농노인 경우의 전제 정체

제7장 농노제가 없는 나라의 조세

제8장 어떻게 착각을 유지하는가

제9장 나쁜 종류의 조세

제10장 조세의 규모는 정체의 성질에 달려 있다

제11장 세무 관련 형벌

제12장 조세의 규모와 자유의 관계

제13장 어떤 정체에서 조세가 증가하는가

제14장 조세의 성질은 정체와 관련된다

제15장 자유의 남용

제16장 이슬람교도의 정복에 관하여

제17장 군대의 증강

제18장 조세의 면제와 감면

제3부

제14편 법과 풍토의 관계

제15편 시민적 노예제의 법과 풍토의 관계

제4장 노예제 권리의 그 밖의 기원

제5장 흑인 노예제

제6장 노예제 권리의 참된 기원

제7장 노예제 권리의 그 밖의 기원

제8장 유럽 사회에서는 노예제가 불필요하다

제9장 시민적 자유가 일반적으로 확립되어 있는 국민

제10장 노예제의 종류

제11장 노예제에 대해 법이 해야 할 일

제12장 노예제의 남용

제13장 노예가 많음에서 오는 위험

제14장 무장한 노예

제15장 무장한 노예

제16장 온건 정체에서 조심해야 할 점

제17장 주인과 노예 사이에 만들어야 할 규칙

제18장 해방에 대하여

제19장 해방된 노예와 환관에 대하여

제16편 가내 노예제의 법과 풍토의 관계

제1장 가내 노예제

제2장 남방 국가에서는 남녀 간에 자연적 불평등이 존재한다

제3장 일부다처제는 남편의 부양 능력에 달려 있다

제4장 일부다처제에 관한 여러 가지 사정

제5장 말라바르136의 어떤 법의 근거

제6장 일부다처제 그 자체에 대하여

제7장 일부다처제에서의 평등한 대우

제8장 여자와 남자의 별거

제9장 집안 살림을 다스리는 일과 나라를 다스리는 일의 관계

제24장 법은 어떻게 풍습에 따르는가
제25장 법은 어떻게 풍습에 따르는가
제26장 법은 어떻게 풍습에 따르는가
제27장 법은 국민의 풍습, 생활양식, 성격을 형성하는 데 어떻게 공헌할 수 있는가

시의 여신에의 호소

제4부

제20편 상업에 관한 법의 본질과 특성

제1장 상업에 대하여
제2장 상업의 정신
제3장 인민의 빈곤
제4장 여러 가지 정체에서의 상업
제5장 경제적 상업을 하는 인민
제6장 대항해에서 생긴 몇몇 결과
제7장 상업에 관한 영국의 정신
제8장 어떻게 경제적 상업이 때때로 저해되는가
제9장 상업상의 배제
제10장 경제적 상업에 적합한 제도
제11장 경제적 상업에 적합한 제도
제12장 통상의 자유
제13장 이 자유를 파괴하는 것
제14장 상품의 몰수를 초래하는 통상법
제15장 신체의 강제

제11장 내세에 관한 재판소의 규율을 가지고 인간의 재판소를 규정해서는 안 된다
제12장 내세에 관한 재판소의 규율을 가지고 인간의 재판소를 규정해서는 안 된다
제13장 혼인에 관하여 어떤 경우에 종교법에 따르고, 또 어떤 경우에 시민법에 따라야 하는가
제14장 친족 간의 혼인에서 어떤 경우에 자연법에 따르고, 또 어떤 경우에 시민법에 따라야 하는가
제15장 시민법의 원리에 근거하는 사항을 정치법의 원리로 규정해서는 안 된다
제16장 정치법의 규범에 따라 결정해야 할 경우 시민법의 규범으로 결정해서는 안 된다
제17장 정치법의 규범에 따라 결정해야 할 경우 시민법의 규범으로 결정해서는 안 된다
제18장 서로 모순되는 것처럼 보이는 법들이 같은 질서에 속하는 것인지 아닌지를 조사해야 한다
제19장 가정의 법에 따라 결정해야 할 것을 시민법에 따라 결정해서는 안 된다
제20장 만민법에 속하는 것을 시민법의 원리에 따라 결정해서는 안 된다
제21장 만민법에 속하는 것을 정치법에 따라 결정해서는 안 된다
제22장 잉카 제국 아타우알파 황제의 불행한 운명
제23장 일정한 상속 순서를 정한 정치법이 법의 목적인 국가를 파괴할 경우에는 국가를 보존해야 하고, 때로 만민법이 되는 다른 정치법에 따라 결정을 내려야 한다
제24장 경찰의 규범은 시민법과는 별개의 질서에 속한다

제25장 나라마다 각기 다른 성질에서 나오는 특수한 규정인 경우 시민법의 일반적인 조항에 따라서는 안 된다

제6부

제27편 단일 장(章). 상속에 관한 로마법의 기원과 변천

제28편 프랑스인에게 있어서의 시민법의 기원과 변천

제1장 게르만 민족 법의 갖가지 성질
제2장 야만인의 법은 모두 속인법(屬人法)이었다
제3장 살리카법과 서고트족·부르군트족의 법의 주요한 차이
제4장 로마법은 어떻게 프랑크족이 지배한 지역에서는 없어지고, 고트족과 부르군트족이 지배한 지역에서는 유지되었는가
제5장 로마법은 어떻게 프랑크족이 지배한 지역에서는 없어지고, 고트족과 부르군트족이 지배한 지역에서는 유지되었는가
제6장 로마법은 어떻게 롬바르디아족의 영토에서 보존되었는가
제7장 로마법은 어떻게 에스파냐에서 없어졌는가
제8장 가짜 법령집
제9장 야만인의 법전과 법령들은 어떻게 없어졌는가
제10장 야만인의 법전과 법령들은 어떻게 없어졌는가
제11장 야만인의 법전과 로마법 및 법령들의 몰락의 그 밖의 원인들
제12장 지방의 관습에 대하여—야만인의 법과 로마법의 변천
제13장 살리카법 또는 살리 프랑크족의 법과 라인 프랑크족 및 기타 야만인의 법의 차이
제14장 그 밖의 차이
제15장 성찰
제16장 살리카법에 의해 만들어진 열탕에 의한 증명 방법
제17장 우리 선조들의 사고방식

제18장 결투에 의한 증명 방법은 어떻게 확대되었는가
제19장 살리카법, 로마법 및 법령들이 잊혀진 새로운 이유
제20장 체면(體面)의 기원
제21장 게르만족의 체면에 대한 새로운 고찰
제22장 결투에 관한 풍습
제23장 중세의 결투 재판의 법규
제24장 결투 재판에서 수립된 규정
제25장 결투 재판의 관행에 가해진 제한
제26장 당사자 중 한 사람과 증인 중 한 사람 사이의 결투 재판
제27장 당사자의 한쪽과 영주의 법관 중 한 사람 사이의 결투 재판.
오판의 상소
제28장 재판 거절에 대한 상소
제29장 성왕 루이의 통치 시대
제30장 상소에 대한 고찰
제31장 상소에 대한 고찰
제32장 상소에 대한 고찰
제33장 상소에 대한 고찰
제34장 어떻게 해서 소송 절차는 비공개가 되었는가
제35장 소송 비용
제36장 검찰관
제37장 성왕 루이의 '판례집'은 어떻게 잊혀지게 되었는가
제38장 성왕 루이의 '판례집'은 어떻게 잊혀지게 되었는가
제39장 성왕 루이의 '판례집'은 어떻게 잊혀지게 되었는가
제40장 교황법의 재판 형식은 어떻게 채택되었는가
제41장 종교 재판권과 세속재판권의 성쇠
제42장 로마법의 부흥과 그 결과. 재판소 내에서의 변화

주

1 옌푸에 대해서는 다음을 참조하라. 벤저민 슈워츠,《부와 권력을 찾아서》, 최효선 옮김(한길사, 2006).

2 嚴復,《法意》(上海, 1931), 2쪽.

3 嚴復,《法意》(上海, 1931), 2쪽.

4 정부라는 용어 대신에 정체(政體)라는 용어를 사용하는 까닭은 루소Jean-Jacques Rousseau 이후로 정부가 국가 권력의 일부로서 집행부(행정부)를 지시하게 된 관행 때문이다. 그러나 몽테스키외Charles-Louis de Secondat Montesquieu를 비롯한 로크John Locke, 홉스Thomas Hobbes, 심지어 헤겔G. W. F. Hegel에 이르기까지 정부는 정체라는 말과 완벽한 동의어로 사용된다. 이들의 정치철학 전통에서 정부와 정체가 동의어라는 사실은 국가의 흥망성쇠가 그 국가가 채택한 정부 형태에 달려 있음을 함축하고 있다. 예를 들면 국가가 전쟁에 패할 경우, 그 결과는 국가 권력의 일부인 집행부의 교체에 한정되는 것이 아니라 국가 권력의 조직 형태(정체)의 변화 내지는 국가의 멸망에까지 미친다. 다시 말하면 정체는 국가의 힘과 의지의 법률적 표현이며 국가 존재는 이러한 표상에 의거하여 존속한다. 따라서 이 책에서는 gouvernement를 정체로 옮겼다.

5 몽테스키외, 《법의 정신*De l'Esprit des lois*》(Paris: Gallimard, 1995), 제 11편 제4장, 326쪽. 이하 《법의 정신》의 인용은 이 책에 의거했고 인용은 편과 장만 표시했다.

6 오비디우스Publius Ovidius Naso의 《변신 이야기*Metamorphoses*》, 제 2권에 나오는 표현이다. 몽테스키외는 이 표현을 통해 자신의 저술 《법의 정신》의 독창성을 강조하고 있다.

7 (저자주) "Ludibria ventis."(베르길리우스Publius Vergilius Maro의 《아이네이스*Aeneid*》, 제6편 제75절에 실려 있는 내용이다—옮긴이주).

8 (저자주) "Bis patriœ cecidere manus."(베르길리우스, 《아이네이스》, 제 6편 제33절. 그리스 신화에 나오는 조각가 다이달로스가 자신의 아들 이카로스가 낙하하는 모습을 조각하려고 했으나 너무나 고통스러운 나머지 손을 떨어뜨렸다는 일화를 담고 있다—옮긴이주).

9 (저자주) "Ed io anche son pittore."(라파엘로Sanzio Raffaello의 〈산타 체칠리아Santa Cecilia〉 앞에서 이탈리아 르네상스 최전성기를 대표하는 북이탈리아파 화가 코레조Correggio가 했다고 일컬어지는 말이다—옮긴이주).

10 저자의 일러두기는 몽테스키외 사후에 간행된 1757년판에 처음 실렸다.

11 제3편 "세 가지 정체의 원리"의 제5장 "덕성은 결코 군주 정체의 원리가 아니다"를 말한다.

12 (저자주) 플루타르코스Plutarchos는 《모랄리아*Moralia*》 중 "군주는 박식해야 한다" 편에서 "법은 일체의 죽는 것(인간)과 죽지 않는 것(신)의 여왕"이라고 말했다.

13 먼저 몽테스키외는 이 세계 안에는 다양한 존재들이 상호 관계를 가지면서 원초적 이성, 즉 신과 연결되어 있으며 이에 따라서 인식 가능한 합리적 원리로서 법이 존재한다는 것을 표명하고 있다. 이것은 신을 배후에 두는, 이성에 근거한 합리적인 세계가 신과 다른 존

재들을 통합시키는 조화로운 관계로 이루어짐을 의미한다. 이 세계에서 사물의 본질은 곧 존재의 본성을 의미하며 법은 사물이나 존재 그 자체가 아니라 사물이나 존재의 본성 안에 존재하는 것이다.

14 원초적 이성이란 우주의 창조자이며 유지자인 신을 말한다. 스토아 철학자들은 법과 자연을 동일시하고 자연은 인간의 특수한 본성과 공통되는 영구법이며, 법은 신의 이성의 표현이고 자연의 원리를 따른다는 것은 신과 이성을 따르는 것으로 간주했다.

15 데카르트René Descartes의 《방법서설*Discours de la méthode*》 제5부에 설명되어 있다.

16 스피노자Benedict de Spinoza는 《에티카*Ethica*》에서 "사물의 자연적 질서는 우연적인 것이 아니다. 도리어 모든 것은 어떤 분명한 양태로서 존재하고 실행하는 자연의 필연성을 통해 결정된다"고 했다.

17 실정법(實定法)은 사람이 현실적으로 제정하거나 경험적 사실에 의거하여 형성된 법을 말한다. 실증법(實證法)이라고도 하며, 초경험적인 성격을 지닌 자연법(自然法)과 대립된 개념이다. 성문법, 관습법, 판례법 등이 이에 속한다.

18 제1편 제1장 마지막 문단에서 논한 종교의 법, 도덕의 법, 정치법, 시민법 등을 말한다.

19 (저자주) 하노버의 숲속에서 발견되었고, 조지 1세George I 치하의 영국에서 볼 수 있었던 미개인이 그 증거다.

20 몽테스키외는 평화를 인간이 자연 상태에서 받게 되는 첫 번째 자연법으로 규정함으로써, 인간의 자연 상태 이론의 역사에서 한편은 로크와 루소에 의해 대변되는 긍정적인 개념과 다른 한편은 홉스에 의해 대변되는 부정적인 개념의 중간에 놓이게 된다.

21 홉스는 자연 상태는 엄격한 투쟁의 법칙이 지배하고 인간은 만인의 만인에 대한 늑대라고 주장했다. 몽테스키외는 자연적 인간이 평화

라는 자연의 기본법을 거부하도록 내던져진다는 홉스의 견해를 비판하면서 "모든 동물은 자기 종의 구성원들과는 싸우지 않는다. 홉스가 인간끼리는 늘 싸운다고 하나 사자들도 그들끼리는 싸우지 않는다"라고 말하고 있다.

22 홉스의 《시민론*De cive*》(1642). 몽테스키외는 소르비에르Samuel Sorbière의 번역본(1649)을 가지고 있었다.

23 몽테스키외가 사용하고 있는 만민법(萬民法)은 로마 만민법의 의미를 담고 있다. 이는 오늘날의 국제법에 해당한다. 로마의 만민법jus gentium은 고대 로마 제국에서 로마 시민과 외국인 또는 외국인 상호 간에 적용된 법으로서 로마 시민에게만 적용된 형식주의적인 시민법(市民法)에 대응한다. 도시 국가 로마가 세계적인 대제국으로 발전하는 과정, 특히 여러 도시, 여러 민족과의 교섭·거래에서 신의·성실을 중시하는 입장을 유지하기 위해 생겨난 법질서다. 관습을 기초로 하고 여러 도시와 여러 민족에게 공통되는 자유롭고 비형식적인 것이며, 로마 시민에게나 외래인에게나 똑같이 적용되었다. 로마의 정치가이며 철학자인 키케로Marcus Tullius Cicero는 특히 다른 도시의 시민에게도 적용되는 만민법을 공통법(共通法)이라 하고 이와 같은 만민법을 자연법(自然法)과 결부시키는 이론을 수립했다.

24 국가와 시민 사이의 관계를 다루는 공법droit public을 말한다. 몽테스키외는 특히 '정치법'이란 용어를 헌법, 정치권력의 구조나 기능을 다루는 헌법을 지칭할 때 흔히 사용한다.

25 몽테스키외는 여기서 실정법을 세 가지로 나눈다. 민족 사이의 관계인 만민법은 몽테스키외가 자연법에 부여한 목적과 논리적으로 같다. 한편 통치자와 피통치자 사이의 관계인 정치법은 사회 구성원들 사이의 권력 분배를 통한 정부의 구성과 유지에 대해 제기하

는 관계로 구성된다. 그리고 시민법은 사회 구성원 사이의 모든 관계를 포함하며, 시민적 의지의 결합에 의해 구성된 실체를 사회의 본질에서부터 추출하려는 것으로 정치법과 밀접한 관계가 있다. 요컨대 이것은 공법과 사법의 분리를 말한다. 그리고 이것을 모두 합할 경우 '법의 정신'이라고 부르는 것을 형성하게 된다.

26 이로쿼이족은 북아메리카에 사는 인디언의 한 부족이다.

27 그라비나Gian Vincenzo Gravina는 나폴리의 법률학자로 《시민법전의 기원*Originum iuris civilis libritres*》 등을 썼다. 몽테스키외는 1729년부터 그의 저서를 탐독했다.

28 여기서 권력이란 모든 개별적 힘의 통합의 결과로서 전체의 힘을 말한다.

29 몽테스키외는 가부장적 국가설을 거부한다. 그는 일인정부의 적합성은 "부권의 예로 증명되지 않으며", "자연법은 아버지에게 그의 자식을 양육할 것을 명하지만, 그 자식을 상속인으로 정할 것을 명령하고 있지는 않다"라고 분명히 말한다.

30 몽테스키외는 자연이란 단어를 다음 네 가지 개념과 결합시키고 있다. 첫 번째, 인간 본성으로서의 자연, 즉 주저함, 자유, 자극, 욕구 등의 개념을 어떤 정부의 평등과 자유의 수준을 측정할 수 있는 기준으로 사용한다. 두 번째, 필연성으로서의 자연, 즉 지리, 기후, 자원, 역사의 운동과 물리적 인간으로서의 인간은 다른 것처럼 불변의 법에 의해 지배되는 것으로 상정한다. 그리고 자연의 필연성은 원시적 모델을 특정한 유형으로 변화시키므로 자연의 세 번째 의미는 그것이 진화해온 조건에 대해 자연적이다. 마지막 자연의 의미는 정체의 구조 또는 지성, 학문과 예술이 가장 적합한 것으로 발견한 도구다. 그 정체는 그들을 성립시킨 인민의 성향에 가장 부합하는 것이다.

31 법은 정체의 본질과 원리에 의해 결정된다. 몽테스키외가 말하는 정체의 본질은 정체를 지금 모습대로 있게 하는 그 무엇이며, 정체의 원리는 정체를 움직이는 원동력을 의미한다. 바로 이런 시각에서 몽테스키외는 여러 가지 정체를 연구한다. 우선 주권에 참여하는 인간이나 집단에 따라 정체는 세 가지로 구분된다. 공화 정체는 전체 인민 또는 소수의 가문이 주권을 장악하는 정체이며, 군주 정체는 군주 한 사람이 통치하지만 합법적 절차를 통해서 제정된 법을 따르는 정체다. 그리고 전제 정체는 군주 한 사람의 자의적인 욕망과 이익에 따라서 통치되는 정체다. 이는 주권의 행사 방식에 따른 정부 형태의 구분이다. 원리에 따른 구분에 대해서는 제3편 제11장의 마지막 부분에 대한 옮긴이주(주 99)를 참조하라.

32 (저자주) 리바니오스Libanios(4세기 그리스의 철학자, 작가, 수사학자—옮긴이주)의 《웅변술*Déclamations*》, 제17절과 제18절.

33 라케다이몬은 스파르타를 부르는 공식적인 명칭이다.

34 (저자주) 몽테스키외, 《로마인의 위대함과 그 쇠락의 원인에 관한 고찰*Considérations sur les causes de la grandeur des Romains et de leur décadence*》, 제9장을 참조하라.

35 아리스테이데스Aristeides는 기원전 5세기의 아테네의 장군이자 정치가이다.

36 (저자주) 크세노폰Xenophon(그리스의 군인이자 역사가—옮긴이주)의 《아테네인의 정치체제*République des Athéniens*》, 제1권 제3장. 1596년에 출간된 베슐리우스Wechelius 판, 691~692쪽.

37 몽테스키외는 '민중 국가état populaire'와 '민중 정체gouvernement populaire'를 같은 의미로 사용하고 있다. 이 책에서는 둘 다 '민주 정체'로 옮겼다.

38 세르비우스 툴리우스Servius Tullius는 대로마의 일곱 왕 중 여섯 번

째 왕이다. 전하는 바에 의하면 로마 시의 가장 오래된 성 세르비우스의 성벽을 구축했다고 한다. 또한 귀족과 평민의 신분 투쟁을 종식하기 위해 군제를 개혁하고 다시 백인조를 구성 단위로 하는 민회(民會)인 백인조회를 창설했다고 한다. 그러나 당시의 시대상으로 미루어보아 신빙성은 낮다.

39 티투스 리비우스Titus Livius는 살루스티우스Gaius Sallustius Crispus, 타키투스Publius Cornelius Tacitus와 함께 로마의 위대한 삼대 역사가로 손꼽히는 인물이다. 그의 《로마사*Ab Urbe Condjta Libri*》는 당대에 이미 고전이 되었으며, 18세기에 이르기까지 역사 서술의 방식과 원칙에 큰 영향을 미쳤다.

40 디오니시오스 할리카르나소스Dionysios Halicarnassos는 기원전 20년경에 활동한 그리스의 역사학자이자 수사학 교사다. 로마 건국에서 제1차 포에니 전쟁까지의 시기를 로마의 관점에서 심층적으로 연구한 그의 《고대 로마사*Romaike Archaiologia*》는 리비우스의 《로마사》와 함께 초기 로마사에 대한 가장 귀중한 자료다. 그가 쓴 20권의 저서 가운데 초기 저작 10권은 지금도 남아 있다.

41 (저자주) 티투스 리비우스의 《로마사》, 제1권 제43장 제10절과 디오니시오스 할리카르나소스의 《로마사》, 제4권 제15장을 참조하라.

42 (저자주) 몽테스키외, 《로마인의 위대함과 그 쇠락의 원인에 관한 고찰》, 제9장에서 세르비우스 툴리우스의 정신이 공화정에서 어떻게 유지되었는가를 참조하라.

43 솔론Solon은 고대 그리스의 정치가다. 그리스 칠현인(七賢人)의 한 사람으로서 배타적인 귀족 정치를 종식하고 금권 정치로 대체했으며 좀 더 인도적인 법을 새로이 도입했다. 당시 빈부의 극심한 차이에서 빚어진 사회 불안을 개선하기 위해 '솔론의 개혁'이라 일컬어지는 여러 개혁을 단행했다. 먼저 '부채의 조정 포기'와 '채무 노예

의 해방과 금지'를 단행하여 가난한 사람 구제에 힘썼다. 이어서 토지의 많고 적음에 따라 시민을 ① 500석급(石級), ② 기사급, ③ 농민급, ④ 노동자급의 네 등급으로 나누고, 그에 따라 정치에 참여하는 권리를 제한했다. 그러나 최하의 제4급 노동자라도 민회에 참석하거나 재판을 청구할 수 있었다.

44 (저자주) 디오니시오스 할리카르나소스, 《이소크라테스 송가*Eloge d'Isocarte*》, 97쪽. 폴룩스Pollux(기원전 4세기의 그리스 역사학자—옮긴이주), 《로마 건국사*Histoire de la fondation de Rome*》, 제8권 제10장 제130절을 참조하라.

45 아리스토텔레스Aristoteles, 《정치학*Politica*》, 제4권 제9장.

46 여기서 많은 지출을 요하는 집정관이란 올림픽 경기, 연극 상연, 축제 등의 공공 행사를 위한 경비를 사재에서 지출할 수 있는 집정관을 말하는데, 이는 국가 재정에 한에서는 아테네가 귀족 정체의 성격을 띠고 있거나 또는 비민주적이었다는 것을 시사한다.

47 (저자주) 데모스테네스Demosthenes의 연설 〈거짓 사자De falsa legatione〉와 아이스키네스Aischines의 연설 〈티마르코스에 반대하여Contre Timarque〉를 참조하라.

48 (저자주) 각각의 지위(자리)에 대해 두 가지 추첨이 행해졌는데, 하나는 지위를 주는 것이고, 또 하나는 먼저 것이 거부당했을 경우 후계자를 지명하기 위한 것이었다.

49 키케로는 로마 공화국을 파괴한 마지막 내전 때 공화정의 원칙을 지키려고 애썼지만 실패했다. 저술로는 수사법 및 웅변에 관한 책, 철학과 정치에 관한 논문 및 편지 등이 있다. 오늘날 그는 로마의 가장 위대한 웅변가이자 수사학의 혁신자로 알려져 있다.

50 (저자주) 그것은 '투표법lois tabulaires'이라고 불렸다. 각 시민에게는 두 가지 투표용지가 주어졌는데, 첫째 표에는 '반대antiquo'를 의미

하는 A가, 둘째 표에는 '찬성uti rogas'을 의미하는 U와 R이 찍혀 있었다.

51 (저자주) 키케로,《법률론*Lois*》, 제1편과 제3편.

52 (저자주) 아테네에서는 손을 들었다.

53 (저자주) 베네치아를 예로 들 수 있다.

54 (저자주) 아테네의 30인의 참주(僭主)는 최고 재판소 재판관의 선거를 공개하고자 했는데, 그것은 그들을 마음대로 조정하기 위해서였다. 리시아스Lysias,《아고라트에 대한 반박*Orat. contra Agorat*》, 제8장 제37절을 참조하라.

55 (저자주) 디오니시오스 할리카르나소스,《로마사》, 제4권 제41장 및 제9권 제37장을 참조하라.

56 (저자주) 애디슨Joseph Addisson,《이탈리아 여행기*Voyages d'Italie*》, 16쪽을 참조하라.

57 (저자주) 이것이 바로 로마 공화국이 붕괴한 원인이다.《로마인의 위대함과 그 쇠락의 원인에 관한 고찰》, 제9장을 참조하라.

58 라구사는 이탈리아 시칠리아 섬 남동부에 있는 도시다.

59 (저자주) 투르느포르Joseph Pitton de Tournefort의《여행기*Voyages*》를 참조하라(투르느포르의《여행기》에는 라구사에 관한 언급이 없다. 몽테스키외는 1608년에 출간된 드 보보Henri de Beauvau의《동방 여행기*Relation journalière du voyage au Levant*》와 혼동하고 있다—옮긴이주).

60 (저자주) 루카(이탈리아 토스카나 지방의 도시—옮긴이주)에서는 행정관의 임기가 겨우 두 달이었다.

61 안티파테르Antipater는 알렉산드리아의 장군이다. 알렉산드로스 대왕이 동방 원정을 떠난 동안 마케도니아의 통치를 맡았다.

62 드라크마는 그리스의 화폐 단위다.

63 (저자주) 디오도로스 시켈로스Diodoros Sikelos,《세계사*Bibliotheca his-*

torica》, 제18권, 601쪽을 참조하라.

64 아라곤의 왕 페르난도 2세Fernando II와 포르투갈의 주앙 2세Jean II를 말한다.

65 프랑스 구체제하의 왕립법원을 말한다.

66 존 로John Law는 스코틀랜드 출신의 은행가로 프랑스 정부에 등용되었다. 몽테스키외는 《페르시아인의 편지*Lettres persanes*》에서 그를 사기꾼으로 다루고 있다. 그는 재정 제도를 실천하기 위해 강력한 왕권을 원했으며, 귀족과 성직자의 면세 특권 폐지를 제안했다.

67 (저자주) 아라곤의 왕 페르난도는 스스로 수도회의 장(長)이 되었다. 그것만으로도 국가의 제도는 변질되었다.

68 법의 기탁소란 기본법lois fondamentales을 기록·보관·유지하는 정치적 제도를 말한다.

69 "전제 정체는 그 본질에 있어서는 어디서든 같지만 여러 가지 사정, 즉 종교적 견해, 편견, 채용된 범례, 독자적인 성향, 생활양식, 풍습 등에 따라 상당한 차이가 생길 수 있다. 전제 정체하에서 어떤 특별한 사상이 수립된다는 것은 좋은 일이다…이러한 나라에서는 법률의 역할을 할 신성한 책이 존재하는 것이 적당하다. 아라비아인의 코란, 페르시아인의 조로아스터의 서(書), 인도인의 베다, 중국인의 사서오경(四書五經) 등이 그렇다. 종교적 경전은 자의적인 권력에 일정한 제한을 가한다."(몽테스키외, 《법의 정신》, 제12편 제29장)

70 (저자주) 동방의 국왕은 항상 재상을 두고 있었다고 샤르댕Jean Chardin은 말했다.

71 1670년에 80세의 나이로 교황에 선출된 클레멘스 10세Clemens X(본명은 에밀리오 알티에리Emilio Altieri)는 자신의 양(養)조카인 팔루지 알티에리Paluzzi Altieri에게 모든 권한을 넘겼다.

72 민주 정체의 원리는 덕성, 즉 조국에 대한 사랑과 평등에 대한 사

랑으로 이루어진다. "민주 정체에 있어서 정체에 대한 사랑은 민주주의에 대한 사랑이며, 민주주의에 대한 사랑은 평등에 대한 사랑이다. 민주주의에 대한 사랑은 또한 검소함에 대한 사랑이다. 여기서 인민 모두가 똑같은 행복과 똑같은 혜택을 누리기 위해서는, 똑같은 쾌락을 맛볼 수 있어야 하고 똑같은 희망을 품을 수 있어야 한다. 이러한 것은 모두 검소함을 통해서만 얻어질 수 있다. 민주 정체에서 평등에 대한 사랑은 조국을 위하여 다른 시민들보다 더 많이 봉사하려는, 독특한 욕망과 기쁨에 대한 야심을 제한한다. 시민 전체가 조국을 위하여 동등한 봉사를 할 수는 없지만, 모두 똑같이 평등에 봉사를 해야 할 의무를 지닌다. 인간은 태어남으로써 국가에 대하여 막대한 채무를 지니고 있지만 그것을 결코 다 갚을 수는 없다."(몽테스키외,《법의 정신》, 제4편 제3장)

73 (저자주) 크롬웰Oliver Cromwell을 말한다.

74 술라Sulla (Felix), Lucius Cornelius는 고대 로마의 장군이자 정치가다. 그는 로마 공화정의 마지막 시기에 내전에서 정권을 잡고 다시 원로원에 권한을 이양했지만, 결국 로마는 제정으로 나가게 된다.

75 (저자주) 플루타르코스의《페리클레스전*Pericles*》과 플라톤의《크리티아스전*Critias*》을 참조하라.

76 (저자주) 2만 1,000명의 시민, 만 명의 외국인, 그리고 40만 명의 노예가 있었다. 데메트리우스(기원전 4세기의 철학자·정치가—옮긴이주)의《아테네*Athénée*》, 제6권을 참조하라.

77 필리포스 2세Philippos II(기원전 382~기원전 336). 알렉산드로스 대왕의 아버지. 대국 마케도니아의 기초를 다졌다. 제3차 신성전쟁(神聖戰爭, 기원전 356~기원전 346)의 기회를 포착, 그리스에 개입함으로써 북부 그리스의 패권을 확립했다. 기원전 346년 아테네와 '필로크라테스 화약'을 맺었으나, 기원전 338년 카이로네아(오늘날의 그리스 카

이로니아)에서 아테네와 테베의 연합군을 분쇄하여 그리스의 정치적 독립을 종식시켰다. 이듬해 '코린트 동맹'을 결성해 이를 자기의 지휘하에 두었으나 기원전 336년 페르시아 원정에 출진하려다 마케도니아 왕가의 내분에 얽혀 암살되었다.

78 (저자주) 아테네는 2만의 시민을 가지고 있었다. 데모스테네스, 《반아리스토기톤론*Contre Aristogiton*》, 제1권 제51장을 참조하라.

79 (저자주) 아테네인들은 극장을 짓기 위한 돈을 전비(戰費)로 사용하자고 제안하는 자를 사형에 처하는 법을 만들었다.

80 (저자주) 이 전쟁은 3년 동안 계속되었다〔제3차 포에니 전쟁(기원전 149~기원전 146)이라 불리는 이 전쟁에서 로마는 북아프리카에 남아 있던 카르타고의 영향력을 청산해버렸다. 카르타고는 파괴되고, 모든 주민은 살해되거나 노예로 팔렸으며 영토는 아프리카라는 이름으로 로마의 속주가 되었다—옮긴이주〕.

81 (저자주) 여기에서 공적인 범죄는 처벌될 수 있을 것이다. 모든 사람의 관심사이기 때문이다. 그러나 사적인 죄는 처벌되지 않을 것이다. 모든 사람의 관심사가 그것을 처벌하지 않는 데 있기 때문이다.

82 "절제의 정신은 귀족 정체의 덕성이라 불린다. 이 정신은 민주 정체의 평등과 같은 지위를 차지한다…통치자와 피통치자 사이 혹은 피지배 집단의 다양한 구성원 사이에서 나타나는 극단적 불평등은 이 정신에 의해 가능한 한 완화되어야 한다. 모든 법은 불평등을 완화하는 데 초점이 맞춰져야 한다."(몽테스키외, 《법의 정신》, 제5편 제8장)

83 (저자주) 여기서 말하는 것은 정치적 덕성에 관한 것이다. 이것은 공익을 지향한다는 의미에서 도덕적 덕성이다. 이는 사적인 도덕적 덕성이 아니며 또한 계시적 진리와 관련된 덕성과도 전혀 다르다. 이 사실은 제5편 제2장에서 잘 알게 될 것이다.

84 (저자주) 앞의 저자주(주 83)의 의미로 이해해주기 바란다.

85 (저자주) "하층민 출신의 인물을 기용해서는 안 된다. 그들은 너무 근엄하고 까다롭다"고 그는 말했다.

86 (저자주) '덕이 있는 사람homme de bien'이라는 말은 여기서 정치적인 의미로만 해석되어야 한다.

87 (저자주) 앞의 저자주(주 86)를 참조하라.

88 정치체는 자연적 집단과 구별되는 것으로 한 정치 집단으로서의 인민 또는 국가를 의미한다.

89 (저자주) 페리의 책 447쪽을 참조하라(존 페리John Perry의 《대 러시아의 현재 상태*État présent de la Grande Russie*》(1713)를 말한다—옮긴이주).

90 (저자주) 군사적 귀족 정체에서 흔히 일어나는 것과 같다.

91 카디cadi는 이슬람법인 샤리아에 의해 판결을 내리는 이슬람의 법관이다. 이론적으로 카디의 재판권은 민사와 형사 사건 모두에 미치지만 주로 상속, 헌납 재산, 결혼과 이혼, 종교적인 사건 등을 청문한다.

92 (저자주) 리코Paul Ricaut, 《오스만 제국에 대하여*De l'Empire ottoman*》, 18쪽.

93 아프가니스탄 길자이족의 부족장인 미르 바이스Myrr-Weiss는 칸다하르 태수(太守)를 모살(謀殺)하고 사파비 왕조의 토벌군을 격파하여 1709년 독립된 왕조를 세웠다. 그의 아들 마무드는 1722년에 페르시아를 점령했다.

94 (저자주) 이 혁명의 역사에 관해서는 뒤 세르소Jean-Antoine Du Cerceau 신부의 저서를 참조하라(《페르시아의 최근 혁명사*Histoire de la dernière révolution de Perse*》(1728)를 말한다—옮긴이주).

95 (저자주) 그의 정체는 군사적이었다. 그것은 일종의 전제 정체다.

96 (저자주) 샤르댕, 《기사 샤르댕의 페르시아와 아시아 여러 지방 여행기*Voyages du chevalier Chardin en Perse et autres lieux de l'Asie*》, 제6권, 18쪽

을 참조하라.

97 페르시아의 아하스에로스 왕── 역사가 헤로도토스Herodotos의 증언에 의하면 크세르크세스 1세Xerxes I(재위 기원전 486~기원전 465)를 가리킨다── 은《구약성서》의 〈에스델〉에 등장한다. 대신 하만은 유대인 모르드개가 자기에게 무릎 꿇어 절하지 않는 데 분노하여 나라 안의 모든 유대인을 죽일 계획을 세우고 왕의 동의를 얻어 제비뽑기로 날을 정했다. 그러나 모르드개의 양녀인 왕비 에스델의 지혜로운 책략으로 운명의 날인 아달월(태양력으로 3월 13일) 죽음을 맞은 것은 모르드개가 아니라 하만이었다. 이후 에스델과 모르드개는 왕에게서 유대인이 원수를 공격하는 것을 허용한다는 칙서를 받아냈고 이후 페르시아인 7만 5,000명이 처형되었다.

98 (저자주) 샤르댕,《페르시아와 아시아 여러 지방 여행기》, 제6권, 21~23쪽.

99 몽테스키외의 정체의 '원리' 개념을 정리하면 다음과 같다. 원리는 한 정체가 최상의 조건으로 작동될 수 있게 하며, 정체 안에 포함된 인간을 활기차게 하는 것으로서, 공화 정체는 덕성, 군주 정체는 명예, 전제 정체는 공포가 원리이다. 이 원리는 한 정체를 움직이게 하는 원인(동력) 가운데서 인간적 속성에 해당되며 인간에게 주체성을 부여하는 정신적 원인이다. 이것이 없으면 정체는 번영할 수 없다. 원리가 부패하면 정체는 쇠퇴하고 소멸된다.

100 몽테스키외의《법의 정신》, 제2부 제11편("국가 정체와의 관계에서 정치적 자유를 구성하는 법") 제6장에 실려 있는 글이다. 몽테스키외는 영국을 정치적 자유를 제도(헌정 체제)의 직접적인 목적으로 삼고 있는 나라로 묘사하고 있다. 이러한 묘사는 사실의 분석이나 정치적인 법률의 연구에서 나온 것이 아니며, 로크나 볼링브룩Henry Saint John Bolingbroke과 같은 영국의 사상가에게서 영감을 받은 것이다.

101 몽테스키외는 시민의 정치적 자유를 보장하는 정체를 만들기 위해서 정부 권력을 법 제정권(입법권), 공공 의결권(행정권), 개인의 인과관계 재판권(사법권)으로 구분했다. 여기서 행정권에서 사법권을 분리시킨 것이 주목된다.

102 사법권을 말한다. 사법권은 속성상 특정 계급이나 직업이 독차지할 수 없으며 모든 것을 대표하기도 하고 아무것도 대표하지 않기도 한다. 따라서 사법권은 계급 이익의 충돌에서 완전히 독립적이어야 한다. 이러한 사법권의 본질을 요약하면 다음과 같다. ① 입법권과 행정권으로부터의 분리, ② 1인이나 한 집단 또는 한 계급에 의한 3권의 행사 금지, ③ 신분이나 직업을 대변하지 않고 임기 동안만 직무를 수행하는 사법관직의 요청, ④ 사법관직은 고정(固定)되지 않아도 법 조문은 고정되어야 한다.

103 (저자주) 베네치아의 경우를 보라(1501년에 베네치아에 설치된 절대, 최고의 권력을 가진 3인의 집정관을 말한다—옮긴이주).

104 (저자주) 아테네에서처럼.

105 입법권과 집행권은 의회와 장관에게 부여해야 한다는 뜻이다.

106 에포로스ephoros는 고대 스파르타의 선출직 행정관으로 '감독관'으로 번역하기도 한다.

107 입법권은 집단으로서의 인민이 소유하지만, 규모가 큰 나라에서는 너무 가난해서 독자적 판단을 행사할 수 없는 최하층민을 제외한 인민이 보통 선거로 선출한 대표자 집단에게 입법권이 위임되어 하원이 성립된다. 이들은 입법과 공공 지출을 주도하고 집행권 남용을 견제한다.

108 시드니Algernon Sidney는 영국의 정치가다. 찰스 2세Charles II(1660~1685년 재위) 정부를 타도하려는 음모를 꾸민 혐의로 처형되었다. 재판 과정에서 그의 저서인 《정부에 관한 논문*Discourses Concerning*

Government》(1698)의 몇 구절이 혁명 모의의 증거로 채택되었으나, 그의 유죄 혐의는 끝내 입증되지 않았다. 미국의 휘그당은 그를 위대한 공화파 순교자로 여겼으며, 그의 책은 후에 북아메리카 식민지에서 '혁명의 교과서'로 널리 쓰였다. 시드니는 이 책에서 완전한 공화국보다 입헌군주제를 더 선호한다고 밝혔다. 또한 정치권력은 재산의 정도에 따라 결정된다고 주장했다.

109 능동적인 권력이 아니며, 어떤 특별하고 항구적인 단체에 위임되지 않기 때문이다.

110 몽테스키외는 영국의 헌정 체제에서 "조세에 관한 법안처럼 중대한 입법 과정에 있어서 하원은 법 제정이라는 적극적인 권한을 갖고 있는 반면, 상원은 거부권에 한정된 소극적 권한밖에 가지고 있지 않다는 사실"을 기술하고 있다.

111 호민관은 고대 로마에서 군사적인 문제를 처리하거나 시민들을 위해 일했던 관리다.

112 "입법권의 영속적이고도 빈번한, 그리고 장기간의 무익한 집합은 인민의 부담이 될 뿐이며, 행여 위험한 불편이 생길지도 모른다."(로크, 《통치론》, 제12장)

113 코스모스kosmos는 크레타 왕국의 최고 행정관을 말한다.

114 크니도스는 소아시아 남서해안에 있던 도리아계의 고대 그리스 도시다.

115 (저자주) 아뮈모네스는 인민이 해마다 선출하는 행정관을 말한다. 스테파누스 비잔티누스Stephanus Byzantinus(그리스의 지리학자—옮긴이주)의 책을 참조하라.

116 (저자주) 로마의 행정관은 그가 퇴직한 후에도 고소할 수 있었다. 디오니시오스 할리카르나소스의 '호민관 게누티우스Genutius 사건'을 참조하라.

117 마리우스Gaius Marius. 콘술(집정관)을 일곱 차례 지낸 로마의 장군이자 정치가다. 마리우스는 유산 계급에게만 허용했던 군대를 시민권자라면 누구나 재산에 관계없이 군대에 자원할 수 있는 방식으로 바꿨다. 마리우스의 군제 개혁 이후 로마는 징병제에서 용병제 / 모병제로 전환했고, 그로 인해 군사적인 문제, 즉 군대 질의 저하라는 문제를 해결하고 사회적인 약자의 흡수라는 복지 정책도 수행하게 되었다.

118 《게르마니아*Germania*》를 말한다. 이 책은 기원후 1세기경 로마의 유능한 정치가이며 학자였던 타키투스가 게르만 민족의 종류와 특성, 생활상, 풍습을 다룬 저서다. 게르마니아 라틴어로 된 지리적·민족학적 작품으로서는 유일하게 현전하며, 고대 게르만 민족의 사회를 연구하는 데 중요한 자료다.

119 (저자주) "De minoribus rebus principes consultant, de majoribus omnes; ita tamen ut ea quoque quorum penes plebem arbitrium est apud principes pertractentur."("사소한 일은 구역의 지도자들이 결정하고 중대한 일은 공동체 전원이 결정한다. 그러나 이 부족 전원이 무엇에 대해서 결정하느냐는 지도자들이 미리 의논한다."(타키투스, 《게르만족의 기원과 환경》, 제11장)—옮긴이주)

120 몽테스키외는 영국인들이 지구상의 어느 국민들보다 종교와 상업과 자유라는 세 가지 사항에 동시에 가치를 부여하는 규범을 잘 알기 때문에 영국은 지상에서 가장 자유로운 국가라고 규정했다. 영국인의 지유에 대한 논의는 몽테스키외의 사상을 이해하는 데 중요하다. 그러나 영국인의 자유에 대해서는 몽테스키외는 영국이 실제로 얼마나 자유로운가의 여부보다는 자유를 가져다줄 수 있는 사회적 환경과 제도의 유형을 증명하는 데 더 관심이 있었다.

121 해링턴James Harrington은 영국의 공화파 정치사상가다. 아리스토텔

레스와 폴리비우스의 고전적 시민공화국론을 수용한 그는 《오세아나 공화국*The Commonwealth of Oceana*》(1656)에서 토지 귀족에 바탕을 둔 군주 정체의 고전적 균형은 더 이상은 불가능하다고 판단하고, 자유 토지 보유농의 경제적 독립성에 근거하여 정치적·군사적으로 독립해 있으며 자율성 및 공덕심을 구비한 정치적 시민에 의해 성립되는 혼합국제 또는 균형국제를 이상적인 시민 국가의 형태로 묘사했다.

122 칼케돈(지금의 터키 카디고이)은 기원전 7세기 초에 세워진 메가라 식민지였다. 맞은편 해안의 비잔티움에 비해 열등하게 평가되었다. 메가바조스Megabazos는 비잔티움에서 17년 전에는 이곳에서 칼케돈인이 살았다는 이야기를 듣고는 '당시 칼케돈인은 장님이었음에 틀림없군. 그렇지 않다면 왜 눈앞에 있는 좋은 장소를 버리고 굳이 이보다 못한 곳을 선택했겠는가' 하고 말한 적이 있다.(헤로도토스, 《역사*Historiae*》, 제4권 제144장)

123 몽테스키외, 《법의 정신》, tome 2, 1224쪽.

124 몽테스키외, 《법의 정신》, tome 2, 1202쪽.

125 몽테스키외, 《페르시아인의 편지》(Paris: Flammarion, 1995), 편지 94.

126 몽테스키외, 《페르시아인의 편지》, 편지 11~14. 기원전 5세기, 그리스의 역사가인 헤로도토스는 트로글로다이트라 불리는, 동굴 속에 사는 야만족에 대해 자세히 묘사한 바 있다.

127 몽테스키외, 《생각의 단편들*Mes Pensées*》, 《몽테스키외 전집*Oeuvres complètes de Montesquieu*》(Seuil, 1964), 878쪽; 《법의 정신》, 제8편 제6장("군주 정체 원리의 타락")에도 유사한 내용이 있다.

128 이 책 20쪽을 보라.

129 이 책 20쪽을 보라.

130 정치체는 자연 집단과 구별되는 것으로 한 정치 집단으로서의 인민

또는 국가를 의미한다.

131 《법의 정신》 제3편 제9장에 붙인 몽테스키외의 메모〔몽테스키외, 《법의 정신*De l'Esprit des lois*》(Paris: Nathan, 1994), 53쪽〕.

132 프랑스어 modération이라는 용어는 일정 부분을 양보하여 이른 결과를 의미한다. 따라서 절제, 양보, 온건, 중도 등의 표현과 더불어 번역의 등가성을 확보할 수 있다. 이러한 사실을 고려하여 이 책에서는 첫째, 정치 형태에 연관될 경우에는 '온건'(본질을 나타내기 때문에: A는 과격하다, B는 온건하다/'온건 정체'), 둘째, 법의 성격을 나타낼 경우에는 '절제'(법의 상태를 나타내기 때문에: 절제된 법, 남용된 법, 과도한 법)라는 단어를 혼용했다.

133 몽테스키외, 《페르시아인의 편지》, 편지 104.

134 몽테스키외에게 시민적 자유는 정치적 자유만큼이나 중요한 의미를 지니고 있다. 시민적 자유란 여러 가지 형태의 개인적 자유를 의미한다. 몽테스키외는 먼저 사상적 자유를 논하는데, 그 까닭은 법률이 종교적 자유 혹은 적어도 종교적 관용이라는 시각을 바탕으로 외부에 드러난 행위에 대해서만 처벌을 가하기 때문이다. 몽테스키외는 개인적 자유의 보장을 위해 형법을 완화시켜야 하며, 그럼으로써 법이 이성에 가장 합당되기를 원했다.

135 탈리온 법칙은 피해자가 입은 피해와 같은 정도의 손해를 가해자에게 가한다는 보복의 법칙이다. 반좌법(反坐法), 동해보복법(同害報復法)이라고도 한다.

136 말라바르는 인도의 남서부 해안 지방을 일컫는다.

137 힐데리히 2세Childeric II는 프랑크 왕국의 국왕이다.

더 읽어야 할 자료들

《법의 정신》은 누구나 그 가치를 인정하는 책이지만 쉽게 읽히는 책은 아니다. 사실 이 책은 법학 못지않게 정치학, 사회학, 특히 역사학적 지식이 요청되는 책이어서 전공자들조차 감당하기 힘든 측면이 있다. 함께 읽으면 좋은 책 몇 권을 소개한다.

몽테스키외, 《페르시아인의 편지》, 이수지 옮김(다른세상, 2002)

이 작품은 두 명의 페르시아인 주인공을 통해 절대 왕정하의 프랑스 사회·정치·문화를 풍자적으로 비판한 서간체 소설이다. 여기서 몽테스키외는 교회, 루이 14세, 법원의 쇠퇴, 귀족 계급의 몰락에 대해서 자신의 관점을 피력했다. 이 비판의 배후에는 《법의 정신》 속에서 전개된 전제주의——즉 왕과 인민의 중간에 있는 모든 중간적 권력이 분쇄되고 법률이 주권자의 의사와 동일시되는 정부——에 대한 그의 관념과 동일한 사상이 깔려 있었다. 권력의 분립에 중요성을 부여하게 된 것은 전제주의에 대한 이와 같은 해석 때문이었는데, 그는 권력 분립을 영국의 정부조직에서 찾아볼 수 있다고 믿었다. 그럼에도 불구하고 그는 이미 《페르시아인의 편지》에서 최선의 정부는 "국민의 성향에 가장 잘 부합되는 방식을 빌려 통치하는 정부"(편지 80)라고 생각했고, 인구 감소의 원인에 대한 논의에서 사회학적 고찰에 필요한 예리한 감각을 보여주었다.

박홍규, <역사는 운명도, 관념도 아니다>, 《신동아》 제523호(2003년 4월)

국내에 발표된 몽테스키외의 《법의 정신》에 대한 소개의 글 가운데 가장 추천할 만한 것이다. 몽테뉴와 카뮈를 비롯한 프랑스 사상가에 관한 글을 꾸준히 발표해온 저자의 저력이 엿보인다. 《법의 정신》에 대한 이 책의 논의는 부분적으로 이 글에 빚지고 있다. 저자는 몽테스키외에 대해 다음과 같이 말하고 있다. "나는 《법의 정신》에서 자유를 향한 외침들을 본다. 예컨대 한 사람의 증언에 의한 사형 선고에 대한 비판, 밀고자나 고문에 의한 증거 유도나 모든 형태의 잔혹한 형벌의 폐지 주장, 반역 고발에 대한 회의, 그리고 무엇보다도 배심제의 채택을 통한 시민의 재판 참여 주장과 같은, 현대 재판 제도의 모든 것이 이 책에 들어 있다. 《법의 정신》일부는 물론 한 권 전체, 아니 그의 저술 전부를 읽는 경우 그 핵심을 나는 '다양성과 보편성, 현실성과 구체성'이라는 휴머니즘 정신에서 찾을 수 있다고 본다. 이는 르네상스의 기본정신이라고 나는 지적한 바 있는데, 계몽주의 사상가들 중에서 그런 르네상스 정신을 몽테스키외만큼 분명하게 보여주는 사람은 없다."(586쪽)

세, 앙리, 《18세기 프랑스 정치사상》, 나정원 옮김(아카넷, 2000)

18세기 프랑스 정치사상에 대해 거시적·미시적으로 잘 서술한 책이다. 인용이 지나치게 많고, 이 인용에 상응하는 분석이 충분하지 못한 점이 흠일 수 있지만, 프랑스 사상가들의 원전을 직접 읽을 수 없는 독자들이 18세기 프랑스 사상가들의 사상을 일별하는 데 큰 도움을 준다. 저자는 이 책의 제2장("자유주의 학파")에서 몽테스키외가 절대 군주의 전제주의에 반대하고, 종교적 관용을 주장하면서 귀족과 사제 계급의 특권을 거부하지만, 평민 계급의 개인적 자유에 바탕을 둔 민주 정체가 프랑스에서 실현되어야 한다고 주장하지는 않았다고 판단한다. 몽테스키외는 영국의 제도를 이상적인 것으로 여겼지만, 이를 프랑스에 무리하게 적용하기보다는 절대 군주제에서 계몽 군주제로의 전환을 주장했으며 이를 위한 여러 제도의 개혁과 자유의 제한적인 확대를 주장했다고 본다.

세이빈, 조지·솔슨, 토머스, 《정치사상사 2》, 성유보·차남희 옮김(한길사, 1997)

'정치사상사 제1의 기본 교재'라는 세간의 평가에 걸맞게, 이 책은 고대에서 현대에 이르기까지 사실상 서양 정치사상 담론의 모든 내용을 포괄하고 있다. 이 책의 제28장("프랑스 자연법의 쇠퇴")에서 저자는 몽테스키외를 "18세기의 모든 정치철학자들 가운데 가장 중요한(루소를 제외하고는) 사람"으로 평가하면서 자유, 법률과 환경, 권력의 분립 문제를 중심으로《법의 정신》을 요약, 설명하고 있다.

아롱, 레이몽, 《사회사상의 흐름》, 이종수 옮김(홍성사, 1978; 기린원, 1988)

아롱은 현재의 문제를 인식하고 풀어나가기 위해서 고전 사상가들과 끊임없는 대화를 시도한 사람이다. 이 책에서 그는 몽테스키외, 콩트Auguste Comte, 마르크스Karl Marx, 토크빌Alexis de Tocqueville, 뒤르켐Émile Durkheim, 파레토Vilfredo Pareto, 베버Max Weber 등 근대 사회를 해석하는 독특한 방법을 제시한 일곱 명의 사상가들을 소개하고 그들에 관해 논평한다. 몽테스키외는 정치사회학의 프랑스학풍의 창시자이고, 토크빌은 그것을 이어받았다. "이 전통에 속한 학자들은 독단적인 것이 별로 없고 정치에 대해 본질적 관심을 가지고 있으며 사회의 하부구조를 무시하지는 아니하나 정치 질서의 자율성을 강조하고 또한 자유주의자들이다."(280쪽)

알튀세르, 루이, 《마키아벨리의 고독》, 김석민 옮김(중원문화, 2012)

이 책은 프랑스 마르크스주의 이론가 알튀세르가 고전 정치사상가들을 공부하면서 그들에 대해 평한 짤막한 논문들로 구성돼 있다. 따라서 몽테스키외, 마키아벨리, 루소 등에 대한 마르크스주의 관점에서의 비평을 모두 섭렵할 수 있다. 알튀세르는 가장 후한 평가를 스피노자에게, 가장 혹독한 비판을 루소에게, 제한적인 지지를 몽테스키외에게 보낸다. 그는 몽테스키외를 귀족 옹호의 보수주의자로 규정하면서, 몽테스키외가 스승도 없이 홀로 탐구를 거듭하여 30년 만에 새로운 세계를 찾았다고 평가한다. 그 새로운 세계를 알튀세르는 정치과학이라고 불렀다.

장세용, 《몽테스키외의 정치사상》(한울, 1995)

몽테스키외의 정치사상에 대한 연구가 거의 전무한 한국의 현실을 고려할 때 이 책은 앞으로의 본격적인 연구를 위한 출발점을 제공하고 있다는 점에서 높이 평가할 만하다. 저자는 이 책의 제4장~제8장에서 자연법과 실정법, 정부유형론, 일반정신 개념, 근대사회에서 자유의 조건, 고대인의 자유와 대혁명 등의 주제를 중심으로 《법의 정신》에 수록된 구체적인 정치사상의 내용을 다루고 있다. 그리고 마지막 제9장의 결론 부분에서는 '근대적'이면서 동시에 '근대성'에 대해 비판적인 몽테스키외의 정치사상을 정리하고 있다. 저자는 몽테스키외의 자연법 개념, 자유주의, 법치주의 등은 근대 시민사회의 삶의 내용에 대한 긍정과 부정의 공존이라는 이중성을 나타낸다고 말하고 있다.

카시러, 에른스트, 《계몽주의 철학》, 박완규 옮김(민음사, 1995)

이 책은 18세기의 다양한 계몽적 사유가 계몽주의 철학의 완성자이자 극복자인 칸트에 이르는 사유 형식의 여정을 그리고 있다. 카시러Ernst

Cassirer는 몽테스키외의 자연관, 역사관, 사회관을 규정하는 근본적인 원리들을 명쾌하게 설명하고 있다. "법학자로서 몽테스키외는 물리학자로서 뉴턴이 제기한 물음과 똑같은 방식의 물음을 제기한다. 그는 정치세계의 법들을 단순히 경험적으로 인식하는 것에 만족하지 않고 이 법들의 다양성을 소수의 일정한 원리에로 환원시키려 한다. 다양한 개별적 규범들 사이에 이처럼 체계적인 원리의 연관성이 있다는 것, 이것이 바로 몽테스키외에게 있어 《법의 정신》의 알맹이가 된다."(325쪽)

그뢰퇴유젠, 베르나르 《프랑스 대혁명의 철학》, 이용철 옮김(에피스테메, 2020)

20세기 전반 유럽의 가장 위대한 지식인 중 한 사람으로 불릴 만한 저자(1880~1946)가 프랑스 대혁명의 이념과 과제를 궁구한 책이다. 데카르트부터 시작해 디드로, 몽테스키외, 볼테르, 루소 등 철학자를 거쳐 프랑스 대혁명의 핵심 이념인 권리 개념이 '인권 선언'에 표명되기까지 서구 사상사를 흥미롭게 설명하고 있는 이 책의 1부에 몽테스키외에 대한 미완성 원고 한 편이 실려 있다.

이 밖에 강유원의 《인문 고전 강의》(라티오, 2010)에 실린 "이성주의에 대한 희미한 저항 : 몽테스키외 《법의 정신》", 조국의 《조국의 법고전 산책》(오마이북, 2022)의 제2장(삼권분립과 '법을 만드는 방법' – "권력이 권력을 저지하도록 해야 한다")도 함께 읽어 보기를 권한다.

옮긴이에 대하여

고봉만

덕유산 아랫마을 거창에서 태어났다. 시골 책방에서 책과 함께 어린 시절을 보냈다. 가장 기억에 남는 책으로 쥘 베른의《15소년 표류기》(원제: 2년 동안의 휴가)가 있다. 이 책이 나에게 펼쳐 보인 장면들은 어머니가 들려준 호랑이나 귀신 이야기와는 또 다른, 가슴 두근거리는 유혹의 숲이었다. 현실 세계에 눈뜨기 전, 책이 들려주는 저 너머의 세계에 나 자신을 길들이던 꿈 많은 날들이었다.
고등학교 졸업 후 법학을 공부해 출세하라는 주위의 권고와 기대를 저버리고 문학을 선택했다. 대학에서는 프랑스 시와 연극에 마음을 빼앗겼고, 거리와 광장보다는 도서관의 후미진 곳과 지하 소극장을 전전했다. 마침내 나는 청계천의 작고 허름한 서점 안에서 몽테뉴의《수상록》, 루소의《고백》, 레비스트로스의《슬픈 열대》등을 접하게 되었다. 그 책들을 만나고 타인과 나누면서 새로 세계가 열리고 인간의 고유한 자질이 살아 움직이는 것을 깨달았다.
낯선 프랑스 대학에서 유학하면서 여러 유형의 사람과 눈을 맞추고, 그들의 말에 귀를 기울이고, 그들과 더불어 소통하고 살아야 함을 알았다. 2024년 '세계 책의 수도World Book Capital'로 선정된 스트라스부르 국립 대학 도서관에서 읽은 문학과 인류학의 위대한 고전들은 타인의 '다름'을 어떻게 받아들여야 하는지, 사회란 무엇이고 우리를 둘러싼 세계와 문화를 어떻게 인식해야 하는지, 타인의 부름에 어떻게 마음을 열고 응답해야 하는지를 가르쳐주었다.
현재 충북대학교 프랑스언어문화학과 교수로 재직하며 몽테뉴, 루소, 레비스트로스, 투르니에의 사상을 새롭게 조명하고 성찰하는 한편 색채와 상징, 중세 문장 등에 대한 최신 연구를 번역, 소개하는 일에 몰두하고 있다. 그동안 옮긴 책으로《역사를 위한 변명》,《인간 불평등 기원론》,《식인종에 대하여 외》,《나이 듦과 죽음에 대하여》,《마르탱 게르의 귀향》,《방드르디, 야생의 삶》,《색의 인문학》등이 있다.

법의 정신

초판 1쇄 발행 2006년 9월 15일
개정 1판 1쇄 발행 2023년 12월 29일
개정 1판 2쇄 발행 2024년 7월 19일

지은이 몽테스키외
옮긴이 고봉만

펴낸이 김준성
펴낸곳 책세상
등록 1975년 5월 21일 제2017-000226호
주소 서울시 마포구 동교로23길 27, 3층 (03992)
전화 02-704-1251
팩스 02-719-1258
이메일 editor@chaeksesang.com
광고·제휴 문의 creator@chaeksesang.com
홈페이지 chaeksesang.com
페이스북 /chaeksesang 트위터 @chaeksesang
인스타그램 @chaeksesang 네이버포스트 bkworldpub

ISBN 979-11-7131-102-6 04080
979-11-5931-221-2 (세트)

* 잘못되거나 파손된 책은 구입하신 서점에서 교환해드립니다.
* 책값은 뒤표지에 있습니다.